HARALD M. GRUNDNER

WISSEN.
WIRKUNG.
ZUKUNFT.

Mit Wissen Wirkung entfalten
und Zukunft gestalten

Bibliografische Information der Deutschen Nationalbibliothek:
Die Deutsche Nationalbibliothek verzeichnet diese Publikation in der
Deutschen Nationalbibliografie; detaillierte bibliografische Daten sind im
Internet über http://dnb.dnb.de abrufbar.

Idee und Text: Harald M. Grundner
Verlag: BoD · Books on Demand GmbH, Überseering 33, 22297
Hamburg, bod@bod.de
Druck: Libri Plureos GmbH, Friedensallee 273, 22763 Hamburg
ISBN: 978-3-8192-3151-3

Thematische Orientierung – Worum es geht, was wirkt

Dieses Buch ist kein klassisches Lehrbuch und kein starrer Ratgeber. Es ist ein Impulsgeber. Es lädt dazu ein, Wirkung neu zu denken – durch Haltung, Methode und Führung. Die 28 Kapitel bauen thematisch aufeinander auf, sind aber auch einzeln lesbar. Wer mag, kann querlesen, springen, sich anregen lassen.

Um die Orientierung zu erleichtern, sind die Inhalte in vier gedankliche Schwerpunkte gegliedert. Sie bilden kein starres Gerüst, sondern thematische Inseln – jedes Kapitel steht für sich, aber folgt einer gemeinsamen Idee.

Teil I – Denken verändert Wirkung
Perspektivenwechsel, Zukunftsbilder und wirtschaftliches Denken neu verbinden: Wirkung beginnt im Kopf.

Kapitel: Perspektivenwechsel (Seite 13)
*   bis Zielklarheit schaffen (Seite 28)*
Wie wir die Welt sehen, bestimmt, wie wir handeln. Wirkung beginnt im Kopf – mit Klarheit, Haltung und dem Mut, Dinge neu zu denken. Dieser Teil zeigt, warum Perspektivenwechsel notwendig sind, wie Zukunftsbilder entstehen – und warum Wirtschaftlichkeit nichts mit Kontrolle, sondern alles mit Verantwortung zu tun hat.

Teil II – Systeme gestalten, Wirtschaft neu denken
Strukturen, Prozesse und Führung neu ordnen, um Differenzierung, Klarheit und Verantwortung zu ermöglichen.

Kapitel: Systeme wirtschaftlich gestalten (Seite 31)
*   bis Führung befähigt Wirkung (Seite 49)*
Produkte entstehen nicht im Vakuum – sie sind Teil von Systemen: technisch, organisatorisch, kulturell. Wer Wirkung gestalten will, muss Architektur, Prozesse, Geschäftsmodelle

3

und Verantwortung neu ordnen. Dieser Teil zeigt, wie Differenzierung gelingt, wie Führung Wirkung ermöglicht – und wie aus Komplexität Klarheit wird.

Teil III – Methoden als Möglichmacher
Wertanalyse, Design to Cost und digitale Tools gezielt einsetzen – eingebettet in Haltung und Strategie.

Kapitel: Methoden gezielt einsetzen (Seite 52)
    bis Zukunftsvisionen verankern (Seite 70)
Methoden sind kein Selbstzwecke. Richtig eingesetzt, sind sie Wegbereiter für Innovation, Kostenbewusstsein und strategische Entwicklung. Dieser Teil zeigt, wie Wertanalyse, Design to Cost und digitale Hebel wirken können – wenn sie in Haltung eingebettet sind und auf echte Fragen antworten.

Teil IV – Zukunft gestalten, Verantwortung übernehmen
Von Wissenspotenzial über Innovation und ESG bis zu Wirkungsmessung: Jetzt handeln, statt später reagieren.

Kapitel: Wissenspotenzial entfalten (Seite 73)
    bis Jetzt gestalten – nicht verwalten (Seite 94)
        20 Gedanken, die wirken (Seite 97)
Zukunft passiert nicht – sie wird gestaltet. Dieser letzte Teil führt von Wissenspotenzial über Innovation und Unternehmergeist bis zu ESG, Foresight und Wirkungsmessung.
Er endet mit einem Appell: Jetzt ist der Moment, Wirkung zu entfalten. Nicht später. Nicht irgendwann. Jetzt.

Inhalt

„Der Ruck bleibt aktuell"

1997 sprach Roman Herzog von einem Land im Stillstand: Reformstau, Mutlosigkeit, mentale Lähmung. Deutschland, so seine Diagnose, drohe den Anschluss an eine sich rasant wandelnde Welt zu verlieren – nicht aus Mangel an Erkenntnis, sondern aus Mangel an Umsetzung. Die wirtschaftliche Dynamik schwand, Bürokratie lähmte Innovation, Besitzstanddenken blockierte Reformen. Herzog rief zu einem „Ruck" auf – einem mentalen, gesellschaftlichen und politischen Aufbruch.

Und heute? 2025?

Viele der damaligen Themen sind wieder – oder immer noch – aktuell. Deutschland steht erneut am Scheideweg:

Damals Mutlosigkeit, heute Verunsicherung: Statt Depression erleben wir 2025 einen lähmenden Reformpessimismus. Digitalisierung, Energiewende, Demografie, Bildungskrise und geopolitische Spannungen überlagern sich – und erzeugen ein kollektives Gefühl des Überfordertseins.

Statt Arbeitslosigkeit heute Arbeitskräftemangel: Die Sorge hat sich gedreht – nicht zu wenige Jobs, sondern zu wenige qualifizierte Menschen. Der Fachkräftemangel ist das neue Strukturproblem – befeuert durch Bildungsversäumnisse, fehlende Zuwanderungsstrategie und mangelnde Attraktivität vieler Berufe.

Statt analoger Trägheit nun digitale Behäbigkeit: Der Rückstand ist nicht mehr nur technologisch, sondern systemisch. Verwaltungsdigitalisierung, Bildungstechnologien, Industrie 4.0 – vieles bleibt Stückwerk, weil Veränderung an Zuständigkeiten, Kultur und Mut scheitert.

Die große Gemeinsamkeit: Auch 2025 fehlt oft nicht das Wissen, sondern der Wille zur Veränderung. Der Mut, Entscheidungen gegen Widerstände durchzusetzen. Die Entschlossenheit, das politisch Machbare am Ziel zu messen – nicht am leisesten Widerspruch.

Herzogs zentrale Mahnung bleibt gültig:

Deutschland braucht eine neue Erzählung von Zukunft.

Nicht als administrative Reformroutine, sondern als kollektive Kraftanstrengung – mit einem klaren Bild davon, wie wir leben, arbeiten und lernen wollen.

Herzogs Appell ist keine historische Fußnote – er ist aktueller denn je. Der Ruck hat nicht stattgefunden. Aber er kann es noch – wenn wir aufhören, uns selbst zu unterschätzen.

Management Summary

WISSEN. WIRKUNG. ZUKUNFT

Der Ruck beginnt jetzt

Dieses Buch ist ein Denkanstoß, ein Wachrütteln. Für alle, die Verantwortung nicht mehr aufschieben wollen. Für alle, die spüren, dass es so nicht weitergeht – in Unternehmen, in Politik, in Gesellschaft. Stillstand, Problemverschiebung, endlose Diskussionen ohne Entscheidungskraft: Das reicht nicht, um Zukunft zu gestalten. Was jetzt gebraucht wird, ist ein *Ruck* – kein Aktionismus, sondern ein Aufbruch mit Richtung.

Zukunft entsteht nicht durch Reden, sondern durch Handeln. Nicht durch immer neue Versprechen, sondern durch Entscheidungen mit Wirkung. Dieses Buch zeigt, wie wir mit Wissen wieder Orientierung gewinnen, Wirkung entfalten und Zukunft gestalten können. Mit Maß. Mit Mut. Mit Haltung.

Es geht nicht um mehr Tools, sondern um mehr Klarheit. Nicht um Effizienz um jeden Preis, sondern um Wirksamkeit, die trägt. Nicht um kurzfristige Lösungen, sondern um nachhaltige Veränderung.

Wir machen Zukunft – weil jemand anfangen muss.

Perspektivenwechsel
Warum wir neu denken müssen

Stillstand ist keine Option

Etwas ist ins Rutschen geraten. Nicht plötzlich, nicht laut – aber stetig. Die Welt verändert sich rasant, doch viele Organisationen bewegen sich wie auf Stand-by. Statt zu gestalten, wird verwaltet. Statt voranzugehen, wird gezögert. Man wartet auf Sicherheit, auf mehr Daten, auf bessere Bedingungen. Doch das Warten bringt nichts – es kostet nur Zeit.

Die letzten Jahre haben gezeigt, wie verletzlich scheinbar stabile Systeme sind. Pandemie, Krieg, Energiekrise, politische Orientierungslosigkeit – jede für sich ein Weckruf. Zusammen sind sie ein Weckschrei. Und dennoch verharren viele in alten Mustern.

Das ist keine Kritik – es ist eine Beobachtung. Und ein Appell.

Was fehlt, ist nicht Information – sondern Entschlossenheit.

Wir leben in einer Welt voller Wissen. Strategien, Methoden, Best Practices sind im Überfluss vorhanden. Doch das eigentliche Problem liegt nicht im Mangel an Werkzeugen, sondern im Mangel an Bewegung.

Der Ruck, den unser Land, unsere Wirtschaft, viele Organisationen brauchen, ist kein technologischer. Er ist mental. Es geht darum, die eigene Rolle neu zu verstehen: nicht als Verwalter des Status quo, sondern als Gestalter von Zukunft.

Das beginnt mit einem Perspektivenwechsel: Was wäre, wenn wir nicht fragen „Was dürfen wir verlieren?", sondern „Was wollen wir gewinnen?"

Solche Fragen verändern die Richtung. Sie schaffen neue Energie. Sie fordern Entscheidungen.

Von Absicherung zu Aufbruch

In vielen Führungsetagen herrscht derzeit ein Denken in Risiken – nicht in Chancen. Prozesse werden länger, Entscheidungen vorsichtiger, Verantwortung kleinteiliger. Es wird abgesichert, kontrolliert, optimiert. Doch genau das verhindert den Schritt nach vorn.

Wer sich dauerhaft nur am Machbaren orientiert, verliert das Mögliche aus dem Blick. Wer nur reagiert, statt selbst Maßstäbe zu setzen, läuft hinterher. Der Markt wartet nicht. Die Zukunft auch nicht.

Dabei geht es nicht um blinden Aktionismus – sondern um kluge Bewegung. Nicht um Tempo, sondern um Richtung. Veränderung braucht Haltung, nicht Hektik.

Was zählt ist Mut zur Richtung, nicht zur Perfektion

Der entscheidende Engpass ist nicht fehlendes Know-how. Es ist das kollektive Zögern. Die Angst, etwas falsch zu machen, lähmt selbst dort, wo längst klar ist, dass das bisherige Vorgehen nicht mehr trägt.

Was jetzt gebraucht wird, ist ein neues Führungsverständnis: Entscheidungen treffen, auch wenn nicht alles sicher ist. Prioritäten setzen, auch wenn nicht alle mitgehen. Verantwortung übernehmen, auch wenn es unbequem wird.

Dazu gehört, Zukunft nicht als Fortsetzung der Gegenwart zu denken, sondern als offenen Möglichkeitsraum. Das verlangt mehr Mut zur Richtung als zur Perfektion.

Führung heißt heute nicht: alle Antworten haben. Es heißt: die richtigen Fragen stellen – und den ersten Schritt gehen.

Der Wandel beginnt nicht beim System – sondern bei uns selbst

Veränderung passiert nicht von allein. Sie entsteht, wenn Menschen bereit sind, gewohnte Sicherheiten zu hinterfragen. Wenn Führung nicht nur verwaltet, sondern vorangeht.

Der oft beschworene Ruck beginnt nicht in der Politik, nicht in Gremien, nicht im Markt – er beginnt in der inneren Haltung: Bin ich bereit, mit meiner Position, meinem Denken, meinem Handeln einen Unterschied zu machen?

Wer Wirkung will, muss sich bewegen. Und wer Bewegung auslöst, verändert nicht nur Prozesse – sondern Kultur.

Der erste Schritt ist ein neuer Blick

Zukunft beginnt im Kopf – mit einer anderen Perspektive auf das, was ist, und das, was sein könnte. Wer Wirkung entfalten will, braucht den Mut, das eigene Denken infrage zu stellen. Und die Kraft, neu zu beginnen – auch wenn das unbequem ist.

Zukunft entsteht nicht aus Erfahrung, sondern aus Haltung. Wer neu wirken will, muss neu denken – nicht später. Jetzt.

Vision führt Zukunft
Der erste Schritt zur Wirkung

Wer kein Ziel hat, kann sich auch nicht verirren

In vielen Organisationen wird Zukunft verwaltet wie ein Projekt: mit Gantt-Charts, Meilensteinen und Zuständigkeiten. Aber Zukunft ist kein Projekt. Sie ist das Ergebnis dessen, was wir heute zulassen, anstoßen, gestalten. Sie entsteht dort, wo Menschen gemeinsam eine Richtung erkennen – und daran glauben, dass sie möglich ist.

Was häufig fehlt, ist nicht der Plan. Sondern das Bild vom Morgen, das inspiriert. Die Vorstellung, wie das Unternehmen, die Leistung, die Kultur sich anfühlen soll – wenn es gut läuft. Dieses Bild ist keine PowerPoint-Folie. Es ist ein innerer Kompass.

Ohne dieses Bild entsteht Beliebigkeit. Dann werden Ziele gesetzt, weil sie messbar sind – nicht, weil sie sinnvoll sind. Dann herrscht Aktivität statt Richtung. Und statt Wirkung gibt es Aufwand.

Echte Zukunftsbilder entscheiden, keine Phrasen

Vision ist nicht „höher, schneller, besser". Eine Vision gibt Richtung – nicht nur Orientierung. Sie beantwortet nicht, was wir tun – sondern wofür wir es tun.

Deshalb braucht es Zukunftsbilder, die mehr sind als Buzzwords. Die konkret genug sind, um zu leiten, und offen genug, um Entwicklung zu erlauben. Vision ist keine starre Vorgabe. Sie ist Einladung zum Mitdenken.

Gebraucht wird:
- *Führung, die Klartext spricht.*
- *Organisationen, die bereit sind, sich zu verändern.*

- *Menschen, die wissen wollen, wofür es sich lohnt, morgens aufzustehen.*

Wer Wirkung entfalten will, muss dieses Wofür sichtbar machen. Ohne Pathos, aber mit Klarheit.

Zukunft ist kein Ziel – sie ist Verantwortung

Es reicht nicht, ein Zielbild zu definieren. Es braucht das innere Bekenntnis: Ich bin Teil dieser Zukunft. Und ich habe Einfluss. Dieses Denken verändert alles – es löst Verantwortung aus.

Vision ist nicht, was die Unternehmensberatung schreibt. Vision ist, was das Team fühlt, wenn es an morgen denkt. Wer sich verantwortlich fühlt für das, was entsteht, wird handeln. Wer sich als Zuschauer sieht, wartet auf Ansagen.

Führung heißt: ein Bild entwerfen, das Energie freisetzt. Das verbindet. Und das einen Anspruch formuliert: So wollen wir Zukunft gestalten – nicht erleiden.

Wer nicht weiß, wohin – kann auch nicht führen

Visionen sind keine Träumereien. Sie sind die Grundlage jeder wirksamen Bewegung. Ohne Bild vom Ziel gibt es keine Richtung. Und ohne Richtung keine Wirkung.

Zukunft braucht Richtung. Wer Wirkung will, braucht Richtung. Vision ist kein Poster – sie ist das Fundament strategischer Gestaltung – klar, kraftvoll und konsequent.

Innovation bedingt Wirtschaftlichkeit
Kein Widerspruch, sondern Antrieb

Wenn Neues sich nicht rechnet, bleibt es eine Idee

Viele Unternehmen betonen ihre Innovationskraft. Sie sprechen von Ideen, Projekten, Pilotanwendungen. Doch wenn man genauer hinsieht, ist die Realität oft ernüchternd: Innovationen verlaufen im Sand, weil sie zu teuer werden. Oder sie scheitern an der Trägheit der Organisation. Das ist kein Zeichen mangelnder Kreativität – sondern fehlender Verbindung zwischen Neuem und Nützlichem.

Eine Idee allein ist noch kein Fortschritt. Erst wenn sie anschlussfähig, bezahlbar und nutzbar wird, entsteht Wirkung. Deshalb ist Wirtschaftlichkeit kein Widerspruch zur Innovation – sie ist ihre Voraussetzung. Wer Zukunft gestalten will, muss beides zusammendenken: den Mut zum Neuen und die Fähigkeit, es wirtschaftlich auf den Boden zu bringen.

Zu lange wurden beide Begriffe getrennt betrachtet. Hier Innovation, dort Kostenkontrolle. Hier die Entwickler, dort das Controlling. Das hat viele Unternehmen ineffizient gemacht – und mutlos.

Innovation braucht Mut zur Integration

Was heute gebraucht wird, ist kein weiteres Innovationstheater. Sondern eine konsequente Verbindung von Kreativität und Klarheit. Unternehmen müssen nicht nur Neues wollen, sondern es auch so denken, dass es funktioniert. Das erfordert mehr als eine Innovationsabteilung. Es braucht eine Kultur, in der Wirtschaftlichkeit kein Hemmnis, sondern ein Gestaltungsrahmen ist.

Führungskräfte sollten sich fragen, ob ihre Innovationsprozesse tatsächlich auf Wirkung ausgerichtet sind – oder nur auf Aktivität. Wirtschaftlichkeit darf dabei nicht mit kurzfristigem Sparen verwechselt werden. Es geht nicht um die billigste Lösung, sondern um die mit dem besten Verhältnis von Nutzen zu Aufwand. Und um den Mut, teure Ideen auch mal konsequent zu beenden, bevor sie zur Belastung werden.

Innovation ist kein Selbstzweck – sie braucht Verantwortung

Echte Innovation verändert nicht nur Produkte, sondern auch Denkweisen. Sie bricht Routinen auf, stellt Fragen, bringt Unruhe. Das auszuhalten und zu führen, ist eine Aufgabe, die über Fachgrenzen hinausgeht.

Verantwortung bedeutet, nicht alles Neue automatisch zu bejubeln, sondern es mit klarem Blick zu prüfen: Was bringt es dem Kunden? Was dem Unternehmen? Wie lange dauert es, bis es sich trägt? Und was sind wir bereit, dafür aufzugeben?

Diese Fragen sind unbequem, aber notwendig. Wer Innovation ernst meint, muss lernen, mit Unsicherheit zu leben – und trotzdem zu entscheiden. Es geht nicht darum, jede Idee sofort zu monetarisieren. Es geht darum, Wirkung zu ermöglichen – nachhaltig und wirtschaftlich.

Wirkung entsteht, wenn Neues passt

Innovation ohne wirtschaftliche Substanz ist keine Lösung – sie ist ein Risiko. Wirtschaftlichkeit ohne Innovation ist kein Erfolg – sie ist Stillstand. Erst wenn beide zusammenkommen, entsteht Zukunftsfähigkeit.

Innovation ist keine Spielwiese. Sie wird dann kraftvoll, wenn sie Wirkung entfaltet – im Markt, für den Kunden, im Unternehmen. Das gelingt, wenn Wirtschaftlichkeit nicht als Limit verstanden wird – sondern als Bühne, auf der Zukunft entsteht.

Wirkung braucht Klarheit
Fokussieren statt verzetteln

Weniger Lärm, mehr Richtung – Warum Fokus die neue Stärke ist

In vielen Unternehmen wird beeindruckend viel gearbeitet – aber zu wenig bewegt. Der Alltag ist voll mit Meetings, Mails, Projekten, Aktivitäten. Doch bei genauerem Hinsehen zeigt sich: Es fehlt die Konzentration auf das Wesentliche. Energie verpufft in Nebenschauplätzen, Prioritäten verschieben sich ständig, Projekte laufen nebeneinander, ohne sich zu verstärken. Der Eindruck von Bewegung ersetzt dabei oft die echte Wirkung.

Klarheit fehlt nicht, weil niemand denkt. Sie fehlt, weil zu vieles gleichzeitig gedacht, entschieden und verfolgt wird. Dabei ist Klarheit kein Luxus, sondern die Voraussetzung für wirksames Handeln. Ohne Klarheit keine Fokussierung. Ohne Fokussierung keine Tiefe. Und ohne Tiefe keine nachhaltige Wirkung.

Wirkung entfaltet sich nicht durch mehr, sondern durch gezielter. Sie entsteht, wenn Menschen wissen, worauf es ankommt – und was sie getrost lassen können.

Priorisieren statt paralysieren – Führung als Reduktionsleistung

Jetzt braucht es eine neue Ernsthaftigkeit im Umgang mit Aufmerksamkeit und Energie. Führung heißt nicht nur organisieren, sondern reduzieren. Es geht darum, das Wichtige vom Dringlichen zu unterscheiden – und dann das Wichtige zu tun. Nicht alles gleichzeitig, sondern das Richtige zuerst. Dazu gehört auch die Fähigkeit, mutig Nein zu sagen: zu guten Ideen, wenn sie nicht zum Ziel passen; zu Aktivitäten, die nicht mehr tragen; zu Routinen, die einst hilfreich waren, aber heute nur noch aufhalten.

Führung bedeutet in dieser Zeit vor allem: Klarheit schaffen. Für andere und für sich selbst. In der Kommunikation, in den Zielen, in der Sprache. Ohne Klarheit entsteht kein Vertrauen, keine Orientierung, keine gemeinsame Kraft. Klarheit ist ein Führungsinstrument – und ein Kulturimpuls.

Klarheit braucht auch den Mut zur Vereinfachung. Nicht inhaltlich, sondern strukturell. Es muss nicht alles auf einmal gesagt, geregelt oder geprüft werden. Es genügt oft ein klarer nächster Schritt – und die Bereitschaft, ihn entschlossen zu gehen.

Klarheit beginnt beim ich – Wer führen will, muss sich zeigen
Klarheit ist mehr als ein methodisches Prinzip – sie ist eine Haltung. Sie setzt voraus, dass man sich selbst nicht hinter Komplexität versteckt. Dass man den Mut aufbringt, Entscheidungen nicht weiterzureichen, sondern zu treffen. Dass man akzeptiert, dass klare Worte auch Reibung erzeugen können – und sie trotzdem ausspricht.

Eine klare Haltung ist unbequem, aber wirksam. Wer Klarheit lebt, muss sich nicht rechtfertigen, sondern erklären. Er oder sie gewinnt Vertrauen durch Verlässlichkeit, nicht durch Perfektion. In Zeiten voller Ungewissheiten ist Klarheit das stärkste Führungsangebot, das man machen kann.

Diese Haltung beginnt bei der Frage: Weiß ich selbst, was mir wirklich wichtig ist? Bin ich bereit, das auch sichtbar zu machen – selbst wenn es Gegenwind gibt?

Klarheit schafft Vertrauen – und damit Wirkung
Wirkung braucht Richtung. Richtung entsteht durch Klarheit. Und Klarheit beginnt dort, wo man aufhört, alles gleichzeitig zu wollen. Nur wer das Wesentliche kennt, kann das Überflüssige loslassen. Führung wird zur Kraft, wenn sie Fokussierung ermöglicht.

Wer alles will, verzettelt sich. Wer Wirkung will, braucht Klarheit. Klarheit ist kein Engpass, sondern ein Motor. Wer Wirkung will, braucht Fokus. Führung zeigt sich im Weglassen – nicht im Addieren

Haltung formt Methode
Werte als Wirkkraft

Methoden sind Werkzeuge – Haltung ist der Griff
In Unternehmen wird viel über Methoden gesprochen. Neue Modelle, Frameworks, Tools – jedes Jahr kommen weitere dazu. Doch der Umgang mit Methoden ist oft beliebig. Mal wird Design Thinking ausprobiert, mal Scrum, mal Lean – je nachdem, was gerade im Trend liegt. Das Problem liegt nicht in der Methode selbst, sondern in ihrem Einsatz. Denn Methode ohne Haltung bleibt Oberfläche. Es entsteht Aktivität – aber keine Veränderung.

Methoden entfalten ihre Wirkung nur dann, wenn sie mit Überzeugung, Zielorientierung und einem echten Willen zur Gestaltung angewendet werden. Sie sind kein Ersatz für Führung, sondern ein Instrument. Und wie jedes Instrument funktionieren sie nur, wenn man weiß, was man damit bewirken will.

Die entscheidende Frage lautet nicht: Welche Methode passt? Sondern: Welche Haltung treibt uns an?

Von Werkzeuggläubigkeit zu Wertebewusstsein
Was jetzt gebraucht wird, ist ein Umdenken im Umgang mit Methoden. Es genügt nicht, ein paar agile Praktiken einzuführen oder Innovationsworkshops durchzuführen. Wirkung entsteht erst, wenn die Haltung dahinter stimmt – wenn Menschen Verantwortung übernehmen, Perspektiven wechseln und bereit sind, echtes Lernen zuzulassen.

Dazu gehört auch, ehrlich gegenüber sich selbst zu sein: Nicht jede Methode passt in jede Organisation. Nicht alles lässt sich standardisieren. Was heute zählt, ist der bewusste, situative Einsatz von Werkzeugen – nicht ihre dogmatische Anwendung.

Organisationen, die Wirkung wollen, müssen den Mut haben, Methoden wieder auf ihren Kern zurückzuführen: als Mittel zur Gestaltung. Das bedeutet, Methoden nicht über alles zu stellen – sondern sie im Dienst eines klaren Ziels einzusetzen. Dieses Ziel ist nicht die Methode selbst, sondern der Wert, der daraus entsteht.

Gestalten heißt entscheiden – und Verantwortung übernehmen

Die Haltung hinter der Methode entscheidet über ihre Wirkung. Wer gestalten will, muss bereit sein, Verantwortung zu übernehmen – für das, was getan wird, und für das, was unterlassen wird. Haltung zeigt sich nicht in Worten, sondern in Entscheidungen. Sie zeigt sich im Umgang mit Zielkonflikten, mit Unsicherheit, mit Widerstand.

Wirkliche Wirksamkeit entsteht dort, wo Führung klar ist – und gleichzeitig offen bleibt für Perspektiven. Wo Methoden nicht dazu dienen, Komplexität zu verstecken, sondern sie zu strukturieren. Und wo man fragt: „Was wollen wir möglich machen?" und nicht „Welche Methode brauchen wir?"

Diese innere Klarheit, dieser Wertekompass, ist es, der Methoden wirksam macht. Ohne Haltung bleibt alles Bemühen beliebig. Mit Haltung wird selbst ein einfacher Prozess zu einem wirksamen Instrument.

Methode folgt Haltung – nicht umgekehrt

Wer Wirkung erzielen will, darf sich nicht hinter Methoden verstecken. Werkzeuge helfen nur, wenn sie mit Verantwortung, Zielorientierung und Klarheit angewendet werden. Die Haltung macht den Unterschied – nicht das Framework.

Methoden sind Werkzeuge. Haltung ist Entscheidung. Methode ohne Haltung ist Verwaltung. Wirkung entsteht, wenn Überzeugung auf Struktur trifft.

Nutzen systematisch gestalten
Den Kundenvorteil erkennen und heben

Kundennähe beginnt nicht im Vertrieb – sondern im Denken

In vielen Unternehmen wird über Kundenorientierung gesprochen, als wäre sie ein festes Programm. Es gibt Kundenbefragungen, Net-Promoter-Scores und Feedbackschleifen. Doch all das ersetzt nicht das eigentliche Prinzip: den konsequenten Blick auf den Nutzen. Wer Produkte oder Dienstleistungen entwickelt, muss sich eine einfache, aber unbequeme Frage stellen: Wofür ist das nützlich – und für wen?

Kundennutzen entsteht nicht automatisch. Er ist keine Eigenschaft eines Produkts, sondern das Ergebnis einer präzisen Gestaltung. Nur wer Nutzen bewusst entwirft, kann Wert erzeugen. Alles andere ist Annahme – und die reicht in dynamischen Märkten nicht mehr aus.

Nutzen entsteht durch Verstehen – nicht durch Vermuten

Was jetzt gebraucht wird, ist mehr als gute Absicht. Es braucht ein strukturiertes Vorgehen, um zu verstehen, was Kunden wirklich brauchen – nicht was man ihnen anbietet. Oft klafft eine Lücke zwischen internem Selbstbild und externer Wahrnehmung. Unternehmen glauben, ihre Produkte seien nützlich, weil sie funktionieren. Kunden erleben das oft anders: zu kompliziert, zu teuer, zu wenig relevant.

Deshalb muss Nutzenarbeit von Anfang an Teil der Entwicklung werden. Das bedeutet, bereits zu Beginn herauszufinden, welches Problem ein Produkt lösen soll und nicht ‚ob es gefällt. Das bedeutet auf Nutzerverständnis und nicht allein auf technische Lösungen zu setzen. Wer gezielt nach Nutzen fragt, verändert nicht nur das Produkt – sondern auch die Art, wie es entsteht.

Dabei hilft keine Checkliste, sondern die Bereitschaft, sich auf Kundensicht einzulassen. Das ist oft mühsam, aber unverzichtbar. Denn nur wer den Nutzen klar benennt, kann auch die Wirtschaftlichkeit systematisch gestalten.

Wirkung entsteht beim Kunden – nicht im Konferenzraum

Nutzen zu gestalten bedeutet, sich selbst zurückzunehmen. Nicht das eigene Know-how in den Vordergrund zu stellen, sondern die Lebenswirklichkeit derjenigen, für die das Produkt gedacht ist. Diese Haltung erfordert Demut – und Neugier. Wer Nutzen ernst nimmt, stellt Fragen, wo andere Antworten geben. Er oder sie beobachtet, bevor er bewertet. Und nimmt Rückschläge nicht als Versagen, sondern als Chance um zu Lernen.

Diese Haltung ist besonders wichtig in der frühen Phase der Entwicklung. Denn je früher der Kundennutzen greifbar wird, desto klarer lässt sich auch die Wirtschaftlichkeit definieren. Wer glaubt, das lasse sich später korrigieren, zahlt am Ende doppelt – mit Geld und Glaubwürdigkeit.

Führung heißt in diesem Zusammenhang auch: ein Klima zu schaffen, in dem Kundenfeedback nicht als Störung, sondern als Impuls verstanden wird. Ein Klima in dem Teams den Mut haben, nicht für sondern mit den Kunden zu denken.

Nutzen ist kein Nebeneffekt – er ist der Kern von Wert

Nur wer den Nutzen wirklich kennt, kann Produkte wirtschaftlich und wirksam gestalten. Kundenzentrierung ist kein Versprechen – sie ist eine Arbeitsweise. Sie beginnt lange vor dem Vertrieb: im Denken, im Fragen, im Verstehen.

Wirkung entsteht, wenn Nutzen zählt. Wer systematisch gestalten will, muss systematisch verstehen, was wirklich nützt. Wer nur liefert was geht, verfehlt, was wirkt.

Zielklarheit schaffen
Wirtschaftlichkeit braucht Orientierung

Ziele sind nicht verhandelbar – der Weg dorthin schon
In vielen Projekten beginnt das Denken mit den Mitteln: Welche Technologien stehen zur Verfügung? Was können wir schon? Was wollen wir ausprobieren? Doch wer Wirkung und Wirtschaftlichkeit erzielen will, muss anders anfangen – mit Klarheit über das Ziel. Zielklarheit ist kein formeller Akt, keine Folie im Kick-off, sondern ein Führungsprinzip. Sie schafft Orientierung für Entscheidungen, Prioritäten und Kompromisse.

Oft werden Projekte gestartet, ohne dass das wirtschaftliche Ziel wirklich benannt ist. Man spricht über Features, Zeitpläne, Qualität – aber zu selten über die Grenze der Mittel. Was darf es kosten? Welchen Preis muss es am Markt erzielen? Wie viel Ergebnis wird erwartet? Ohne Antworten auf diese Fragen bleibt jede Entwicklung ein Blindflug – selbst ,wenn sie technisch brillant ist.

Klare Grenzen machen Entwicklung produktiv
Heute braucht es Mut zur Begrenzung. Nicht aus Mangel, sondern aus Strategie. Wer von Anfang an weiß, in welchem wirtschaftlichen Rahmen er sich bewegt, entwickelt gezielter. Zielkosten und Zielnutzen bilden dabei die Klammer für jedes gute Projekt. Sie machen Diskussionen messbar und Entscheidungen nachvollziehbar.

Wirtschaftlichkeit wird oft erst rückblickend betrachtet, wenn Budgets überschritten, Kunden enttäuscht oder Projekte zu spät sind. Doch dann ist es zu spät. Zukunftsfähige Unternehmen verankern die Wirtschaftlichkeit im Ziel – nicht im Controlling. Sie machen sie zum Ausgangspunkt jeder Idee und Maßstab jeder Entscheidung.

Dabei geht es nicht um Sparen, sondern um Fokus: Welche Funktion ist wirklich relevant? Welcher Aufwand rechtfertigt sich durch welchen Nutzen? Die Antworten auf diese Fragen bestimmen nicht nur den Projekterfolg, sondern auch die Marktchancen.

Verantwortung beginnt mit dem Zielbild – und endet nicht beim Budget

Zielklarheit erfordert mehr als Zahlen. Sie braucht Haltung. Wer wirtschaftlich führen will, muss Verantwortung für Wirkung und Ergebnis übernehmen. Es reicht nicht, ein Ziel zu verkünden – man muss es glaubwürdig vertreten. Dazu gehört, unangenehme Fragen zuzulassen und zu beantworten: Warum machen wir das? Wofür genau lohnt sich der Einsatz? Was lassen wir bewusst weg?

Diese Haltung fordert auch den Mut, Grenzen zu setzen – und sie zu halten. Nicht alles, was machbar ist, ist sinnvoll. Nicht alles, was gewünscht wird, bringt Wirkung. Führung heißt in diesem Zusammenhang auch: erklären, priorisieren, begründen – und notfalls stoppen.

Wirtschaftlichkeit ist keine nachgelagerte Rechnung, sondern ein Führungsversprechen. Wer Klarheit über das Ziel hat, kann Teams motivieren, Entscheidungen schneller treffen und Projekte wirkungsvoller gestalten.

Zielklarheit ist der stärkste Hebel für Wirtschaftlichkeit

Nur wer von Anfang an weiß, was erreicht werden soll, kann wirtschaftlich und wirksam arbeiten. Zielklarheit schafft Orientierung, verhindert Verschwendung und erhöht die Wirkung. Nicht Kontrolle, sondern Transparenz ist das Ziel.

Wirtschaftlichkeit braucht ein klares Zielbild – nicht erst im Nachhinein, sondern als Startpunkt. Wer Orientierung gibt, führt. Wer führt, schafft Wirkung. Wer Wirkung will, muss Ziele sichtbar machen.

Systeme wirtschaftlich gestalten
Wenn Technik auf Geschäftsmodell trifft

Technik ist nicht neutral – sie formt Wert und Wirkung
In der technischen Entwicklung liegt oft ein stilles Versprechen: Wenn das System gut gemacht ist, wird es sich rechnen. Doch das stimmt nur, wenn Technik und Geschäftsmodell zusammen gedacht werden. Zu oft entstehen hochkomplexe Lösungen mit beeindruckender Funktionalität – aber ohne wirtschaftliche Tragfähigkeit. Die Technik funktioniert, der Markt reagiert höflich, der wirtschaftliche Nutzen bleibt aus.

Systeme wirtschaftlich zu gestalten bedeutet: Technik folgt nicht der Begeisterung der Entwickler, sondern dem Ziel des Unternehmens. Ein technisches System ist kein Selbstzweck, sondern ein Mittel zur Wirkung – und damit zur Wirtschaftlichkeit. Wer Technik, Nutzen und Erlösstruktur nicht zusammenführt, produziert Aufwand ohne Aussicht auf Erfolg.

Verzahnung statt Parallelwelten – Technik und Business gemeinsam denken
Was heute gebraucht wird, ist ein Brückenschlag: zwischen dem, was technisch möglich und dem, was wirtschaftlich sinnvoll ist. Diese Verbindung entsteht nicht von allein. Sie muss bewusst hergestellt werden – durch interdisziplinäre Teams, durch gemeinsame Zieldefinitionen, durch frühzeitigen Abgleich von Markt, Funktion und Kosten.

Es genügt nicht mehr, ein System zu bauen und es dann dem Vertrieb zu übergeben. Der Markt wartet nicht auf komplexe Lösungen – er verlangt einfache, bezahlbare, nachvollziehbare Angebote. Das bedeutet: Schon bei der Architektur eines Systems muss klar sein, wie sich dessen Nutzen in Geld übersetzt. Und welche Teile des Systems für den wirtschaftlichen Erfolg wirklich entscheidend sind.

Wirtschaftliche Systeme entstehen nicht durch mehr Technik, sondern durch das richtige Maß. Wirtschaftliche Systeme sind so einfach wie möglich und so leistungsfähig wie nötig. Sie richten sich nach der Frage: Womit verdienen wir Geld – und womit verlieren wir es?

Technik verantworten heißt Wirkung mitdenken

Systemverantwortung heißt nicht nur: Funktion garantieren. Es heißt auch: Wirkung absichern. Die Haltung dahinter: Ich entwickle nicht, was ich kann, sondern was gebraucht wird. Diese Haltung verändert die Art, wie Anforderungen formuliert, Prioritäten gesetzt und technische Lösungen bewertet werden.

Sie erfordert die Bereitschaft, sich auf Geschäftsmodelle einzulassen – und auf deren Dynamik. Denn was heute wirtschaftlich erscheint, kann morgen obsolet sein. Wer Technik verantwortungsvoll gestaltet, bleibt nicht in Spezifikationen stecken, sondern denkt in Kundenerlebnis, Prozesskosten und Skalierbarkeit. Er oder sie erkennt, dass technische Exzellenz allein kein wirtschaftlicher Vorteil ist – wenn sie am Markt vorbei geht.

Diese Haltung braucht nicht weniger Technik – sie braucht mehr Dialog. Zwischen Entwicklern und Marktverantwortlichen. Zwischen Machbarkeit und Nutzen. Zwischen Aufwand und Ergebnis.

Systemgestaltung ist Wirtschaftsgestaltung

Technik entfaltet erst dann Wirkung, wenn sie auf ein tragfähiges Geschäftsmodell trifft. Wer Systeme wirtschaftlich gestalten will, braucht mehr als technisches Können – er braucht Klarheit über Markt, Nutzen und Erlösmodell. Und den Willen, diese Ebenen zu verbinden.

Technologie beeindruckt – Systeme wirken als Ganzes. Wer Zukunft gestalten will, muss Technik und Geschäftsmodell zusammenbringen.

Vielfalt strategisch führen
Differenzierung ohne Chaos

Mehr Auswahl ist nicht gleich mehr Erfolg

Die Wünsche der Kunden sind vielfältig. Märkte differenzieren sich. Produkte werden variantenreicher. Services individueller. Eigentlich eine gute Entwicklung – wenn man sie beherrscht.

Doch in vielen Unternehmen wird aus Differenzierung Chaos. Aus Vielfalt wird Komplexität. Aus Optionen werden Kostenfaktoren. Aus Kundennähe wird Unübersichtlichkeit. Warum? Weil zu oft reagiert wird – auf Zuruf, auf Einzelwünsche, auf interne Impulse. Aber ohne System. Ohne Strategie. Und ohne Klarheit, was diese Vielfalt eigentlich leisten soll.

Der Ruck, den wir brauchen, ist klar: Führung statt Reaktion. Struktur statt Wildwuchs. Differenzierung mit Plan.

Wenn alles möglich ist, wird nichts mehr wirtschaftlich

Viele Unternehmen zahlen einen hohen Preis für unkontrollierte Varianten. Ein unübersichtliches Produktportfolio führt zu langen Durchlaufzeiten, hohen Lagerbeständen und steigenden Fehlerquoten. Technische Redundanzen binden Entwicklungsressourcen – ohne echten Kundennutzen. Wenn keine Modularisierung vorhanden ist, lassen sich Synergien und Skaleneffekte nicht nutzen. Zudem entstehen durch Vertriebsversprechen, die nie mit Produktion und Technik abgestimmt wurden, unnötige Belastungen in Fertigung, Logistik und Service.

Und je mehr über Varianten diskutiert wird, desto seltener wird entschieden. Das führt zur Produktpflege in alle Richtungen – außer in die richtige. Vielfalt ist kein Problem, solange sie zielgerichtet ist. Doch dazu braucht es Führung. Und die beginnt mit der Entscheidung, was man nicht mehr tut.

Voraussetzung ist Strategie, Architektur, Verantwortung

Es braucht einen neuen Blick auf Vielfalt – als gestaltbare Größe. Nicht als Reaktion, sondern als Teil der Wertschöpfung. Differenzierung beginnt mit einer klaren Segmentierung: Für wen entwickeln wir was – und warum? Wer diese Frage nicht präzise beantworten kann, sollte keine neuen Varianten zulassen.

Zugleich braucht es eine technische Produktarchitektur, die vorgibt, was stabil ist und was variabel sein darf. Standards und Plattformen bilden das Rückgrat. Variantenräume sind bewusst begrenzt und wirtschaftlich bewertet. Das verlangt Disziplin in der Entwicklung, aber auch Klarheit im Vertrieb. Niemand sollte etwas anbieten, das das Unternehmen nicht leisten kann – oder leisten sollte.

Entscheidend ist auch die Verantwortlichkeit: Wer entscheidet über neue Varianten? Wer prüft Nutzen, Kosten und Risiko? Vielfalt darf nicht in Gremien zerredet oder durch Zufall entschieden werden. Sie muss strukturiert abgestimmt sein – zwischen Vertrieb, Technik, Einkauf, Produktion und Service. Von Beginn an und nicht erst am Ende.

Führung heißt auch Begrenzen

In Zeiten der Unsicherheit ist es verführerisch, jedem Wunsch nachzugeben. Noch eine Sonderausführung, noch eine zusätzliche Option, noch ein Feature. Aber genau hier beginnt der Verlust an Fokus. Führung heißt: nicht alles machen, was technisch geht. Sondern das Richtige tun – im Sinne der Kunden, im Sinne der Wirtschaftlichkeit, im Sinne der Zukunftsfähigkeit.

Wer sich auf differenzierte Angebote konzentriert, die Wirkung entfalten, verschafft sich Handlungsspielraum. Wer sich in Varianten verliert, verliert zuerst seine Marge – und dann den Überblick.

Vielfalt mit Verantwortung führen

Nicht die Anzahl der Varianten entscheidet über den Erfolg, sondern deren Wirkung. Wer Differenzierung strategisch denkt, schafft Klarheit, Effizienz und Marktnähe. Wer sie laufen lässt, zahlt mit Ertrag, Zeit und Vertrauen.

Führen heißt nicht alles zuzulassen. Vielfalt braucht Führung , die sie vorgibt, braucht Richtung. Wer differenzieren will, muss entscheiden, was wirkt – und was nicht.

Geschäftsmodelle integrieren
Wirkung durch Struktur

Produkte allein tragen nicht mehr

Ein gutes Produkt reicht heute nicht mehr. Es ist nur ein Teil des Gesamtangebots. Kunden kaufen keine Produkte, sie kaufen Lösungen, Erlebnisse, Sicherheit. Sie erwarten einfache Nutzung, verständliche Leistungen und klare Vorteile. Wer in dieser Welt nur über Technik spricht, bleibt auf halber Strecke stehen.

Der eigentliche Wert entsteht oft erst im Zusammenspiel von Produkt, Service, Plattform, Finanzierung, Betreuung und Daten. Das alles muss zusammenwirken – und zwar so, dass es wirtschaftlich tragfähig bleibt. Ein starker Motor nützt nichts, wenn das Geschäftsmodell schwach ist.

Der Ruck, den es braucht, ist ein Wechsel der Perspektive: Weg vom Einzelprodukt, hin zum integrierten Geschäftsmodell. Nur so entsteht Wirkung – beim Kunden und im Unternehmen.

Wenn Technik ohne Modell entwickelt wird

In vielen Unternehmen herrscht ein technikgetriebenes Denken vor. Die Entwicklung arbeitet an Lösungen, die technisch brillant sind. Der Vertrieb preist Merkmale an. Doch die zentrale Frage wird oft übersehen: Wie funktioniert das Ganze als Geschäft?

Fehlt dieser Blick, kommt es zu typischen Problemen. Lösungen werden entwickelt, für die es kein klares Nutzenversprechen gibt. Die Kunden verstehen nicht, was sie bekommen – oder warum sie dafür bezahlen sollen. Services sind technisch möglich, aber organisatorisch nicht eingebettet. Und die Frage nach Erlösquellen wird erst am Schluss gestellt.

Besonders gefährlich ist das bei neuen digitalen Angeboten, bei Plattformen, bei smarten Produkten. Sie brauchen ein durchdachtes Modell, das Technik, Kundenbedürfnis und Ertragslogik zusammenführt. Wer hier zu spät denkt, verliert Zeit, Geld – und Vertrauen.

Gebraucht wird: Struktur, Klarheit und gemeinsames Denken

Geschäftsmodelle müssen frühzeitig mitgedacht werden. Nicht als Beilage zur Technik. Sondern als deren Rahmen. Die entscheidenden Fragen lauten: Wer ist der Kunde? Was genau bekommt er? Wie nutzen wir vorhandene Ressourcen? Wo entsteht der Ertrag? Wie sieht das Zusammenspiel von Produkt, Dienstleistung und Nutzung aus?

Diese Fragen können nicht allein von der Geschäftsführung oder vom Vertrieb beantwortet werden. Sie gehören in jede Phase der Entwicklung – von der Idee bis zur Umsetzung. Nur wenn Teams Technik und Modell gemeinsam betrachten, entstehen tragfähige Lösungen.

Auch hier gilt: Es geht nicht um perfekte Pläne. Sondern um ein gemeinsames Verständnis. Um Orientierung. Und darum, sich früh mit den wirtschaftlichen Mechanismen auseinanderzusetzen. Damit Produkte nicht nur gebaut – sondern genutzt, bezahlt und verstanden werden.

Struktur schafft Wirkung

Es braucht den Mut, sich mit dem scheinbar „Unfertigen" zu beschäftigen. Geschäftsmodelle sind nie fertig. Aber sie geben Struktur. Sie helfen, Fragen zu klären, Entscheidungen zu treffen, Irrwege zu vermeiden. Sie machen das Denken transparent – und die Wirkung planbar.

Führung heißt auch hier: nicht alles zuzulassen. Sondern zu entscheiden, was trägt, früh zu erkennen, was scheitert, bevor es teuer wird. Wirkung braucht Struktur – und die beginnt mit einem klaren Geschäftsmodell.

Technik braucht ein Modell, um zu wirken

Technik begeistert. Aber sie allein genügt nicht. Wirkung entsteht erst, wenn das Geschäftsmodell stimmt. Wer beides früh zusammenführt, entwickelt Lösungen, die nicht nur funktionieren – sondern wirtschaftlich erfolgreich sind.

Ein Produkt ohne Geschäftsmodell ist wie ein Motor ohne Antrieb. Wer Wirkung will, braucht Struktur. Und den Mut, früh zu fragen: Wie genau funktioniert unser Geschäft?

Tradition trifft Technologie
Wie Bewährtes weiterwirkt

Zukunft braucht Herkunft

Es gibt sie noch: Produkte, Prozesse und Prinzipien, die seit Jahrzehnten funktionieren. Maschinen, die laufen. Verfahren, die zuverlässig sind. Werte, die tragen. Viele Unternehmen haben ihre Stärke genau daraus bezogen – aus Verlässlichkeit, aus solidem Handwerk, aus dem Wissen um das, was funktioniert.

Doch genau diese Stärke kann zur Schwäche werden, wenn sie zum Denkrahmen wird. Wenn Bewährtes nicht mehr infrage gestellt wird. Wenn Technologie als Bedrohung empfunden wird – und nicht als Chance. Und wenn Veränderung mit Verlust gleichgesetzt wird, statt mit Weiterentwicklung.

Der „Ruck" liegt hier nicht in der Abkehr vom Alten, sondern in der Fähigkeit, es in das Neue zu integrieren. Zukunft entsteht nicht im Bruch mit der Vergangenheit, sondern im klugen Übergang. Wer Wandel gestalten will, muss wissen, wovon er kommt – und was davon noch trägt.

Die Kraft des Bestehenden – und ihr Risiko

Tradition bietet Stabilität. Aber sie kann auch träge machen. Prozesse, die früher effizient waren, können heute zu schwerfällig sein. Technologien, die gestern noch führend waren, sind morgen überholt. Organisationsmodelle, die auf Kontrolle setzten, bremsen heute das Tempo der Innovation.

Doch das Alte ist nicht schlecht. Vieles hat sich bewährt. Es muss nicht ersetzt werden, sondern neu eingebettet. Die Frage ist nicht: „Was schmeißen wir raus?" Sondern: „Was wirkt noch – und was muss ergänzt werden?"

Gerade dort, wo Unternehmen auf eine lange Geschichte zurückblicken, liegt enormes Potenzial. In Erfahrungswissen. In Kundenbeziehungen. In Prozessen, die robust sind. Wer es schafft, diese Elemente mit neuen Technologien, digitalen Tools und frischen Denkweisen zu verbinden, kann nachhaltigen Fortschritt schaffen – ohne Bruch, aber mit Wirkung.

Brückenbauer zwischen Generationen und Systemen als Schlüssel

Die Herausforderung liegt im Verbinden – nicht im Austauschen. Es braucht Menschen, die beides können: das Alte würdigen und das Neue einführen. Die die Sprache der Technik ebenso sprechen wie die der Veränderung. Die verstehen, wie ein Produktionsprozess funktioniert – und warum digitale Schnittstellen ihn besser machen können.

Führung heißt hier: nicht spalten, sondern integrieren. Die Belegschaft mitnehmen. Die Angst vor Veränderung ernst nehmen – ohne ihr nachzugeben. Und die Geschichten des Unternehmens nicht als Ausrede für Stillstand sehen, sondern als Fundament für Entwicklung.

Das verlangt Kommunikation. Geduld. Und klare Ziele. Es verlangt, den Nutzen des Neuen verständlich zu machen – nicht abstrakt, sondern konkret. Und es verlangt, den Wandel als gemeinsamen Weg zu gestalten, nicht als Projekt der „anderen".

Respekt vor dem, was war – Verantwortung für das, was kommt

Es ist leicht, über „veraltete" Technik oder „überholte" Strukturen zu lächeln. Doch wer das Alte nicht versteht, wird das Neue nicht sinnvoll gestalten. Wer Wandel will, muss das Bestehende ernst nehmen. Und daraus etwas Besseres machen.

Tradition ist kein Klotz am Bein. Sie ist ein Anker – wenn man weiß, wie man sich davon abstößt, um neue Ufer zu erreichen. Führung bedeutet hier, Brücken zu bauen – zwischen Generationen, zwischen Technologien, zwischen Denkweisen.

Zukunft gestalten mit dem Besten von gestern

Die besten Innovationen entstehen nicht im luftleeren Raum. Sie wurzeln im Verstehen des Bestehenden – und im Mut, es weiterzudenken. Wer Tradition nicht als Grenze, sondern als Sprungbrett begreift, gestaltet Wandel mit Substanz.

Tradition ist kein Hindernis – sie ist ein Startpunkt. Technologie braucht Struktur - Struktur braucht Sinn. Wer klug verbindet statt blind ersetzt, schafft Fortschritt, der trägt.

Verantwortung vernetzen
Wirtschaftlichkeit als Teamsache

Wirtschaftlichkeit geht heute nur gemeinsam

Wirtschaftlichkeit war lange eine Frage der Kontrolle. Eine Führungsaufgabe, oft reduziert auf Budgets, Stückkosten und Kennzahlen. Doch diese Sicht greift heute zu kurz. Die Dynamik der Märkte, die Komplexität der Produkte und die gestiegenen Erwartungen von Kunden und Gesellschaft erfordern ein anderes Denken. Wirtschaftlichkeit entsteht nicht mehr durch Anweisung – sie entsteht durch Zusammenarbeit.

Der „Ruck", den es braucht, ist der Abschied vom Silo-Denken. Entscheidungen müssen vernetzt getroffen werden. Nicht jeder für sich, sondern gemeinsam – in Projekten, in Teams, in ganzen Organisationen. Wirtschaftlichkeit wird dann zur Folge guter Zusammenarbeit. Und damit zur Teamsache.

Vom Abteilungsdenken zum gemeinsamen Gestalten

In vielen Unternehmen ist Verantwortung immer noch funktional getrennt. Die Entwicklung denkt technisch, der Einkauf verhandelt Preise, der Vertrieb verkauft, was geht – und das Controlling rechnet hinterher nach. Wirtschaftlichkeit entsteht dabei oft zufällig, nicht geplant. Weil keiner das Ganze im Blick hat. Weil jeder seinen Bereich optimiert, aber keiner die Wirkung auf das Gesamtsystem verantwortet.

Das führt zu Reibungsverlusten, zu Abstimmungsbedarf, zu Frust. Und vor allem: zu verpassten Chancen. Denn viele Potenziale zur Kostenoptimierung, zur Nutzensteigerung oder zur Risikominimierung liegen genau dort, wo Bereiche ineinandergreifen. Wo Entwicklung und Einkauf zusammen Lösungen finden. Wo Vertrieb und Technik gemeinsam den Kunden verstehen. Wo Projektleitung und Management Rahmen setzen, statt nur Termine zu verwalten.

Nur wenn alle Beteiligten Verantwortung übernehmen – nicht nur für ihre Aufgabe, sondern für das gemeinsame Ergebnis – entsteht echte Wirtschaftlichkeit.

Neue Rollen, echte Beteiligung, klare Kommunikation

Das bedeutet: Die Rolle der Führung ändert sich. Es geht nicht mehr um Kontrolle, sondern um Befähigung. Nicht um Ansagen, sondern um Dialog. Nicht um das Durchsetzen einzelner Vorgaben, sondern um das Zusammenführen unterschiedlicher Perspektiven.

Teams brauchen mehr Entscheidungsfreiheit – aber auch ein gemeinsames Zielbild. Wirtschaftliche Wirkung muss sichtbar und verstehbar sein. Jeder sollte wissen, welchen Beitrag sein Handeln zum Ergebnis leistet. Und was passiert, wenn es keinen Abstimmungsprozess gibt.

Dazu braucht es Räume für Austausch. Formelle und informelle Wege, sich zu begegnen. Eine Sprache, die verbindet: zwischen Technik und Markt, zwischen Kunde und Kosten, zwischen Strategie und Umsetzung. Die Zeiten, in denen jeder in seinem Bereich die „Wahrheit" gepachtet hatte, sind vorbei. Heute zählt, wer zusammen denkt, statt gegeneinander zu rechnen.

Verantwortung beginnt mit dem Blick über den eigenen Tellerrand

Verantwortung ist nicht das Einhalten von Regeln. Verantwortung ist das Verstehen von Zusammenhängen. Und das Mitgestalten des Ganzen – auch dort, wo man nicht zuständig ist. Wirtschaftlichkeit entsteht, wenn Menschen zusammen denken, arbeiten und entscheiden. Nicht nebeneinander, sondern miteinander.

Führung heißt, diesen Rahmen zu schaffen. Nicht alles selbst zu lösen, sondern Voraussetzungen zu schaffen, damit andere gemeinsam Lösungen entwickeln können. Verantwortung vernetzen ist kein weicher Ansatz. Es ist ein kraftvoller Schritt, um Wirkung zu entfalten – wirtschaftlich und menschlich.

Wirtschaftlichkeit ist kein Einzelauftrag

Wer Wirkung will, muss Verantwortung teilen. Wirtschaftlichkeit entsteht dort, wo Wissen, Erfahrung und Perspektiven zusammenkommen. Nicht in der Excel-Tabelle, sondern im Dialog. Nicht durch Kontrolle, sondern durch Zusammenarbeit.

Wirtschaftlichkeit entsteht nicht im Silo. Sondern im Zusammenspiel. Wirkung wird dort möglich, wo Teams gemeinsam wirtschaftlich denken – nicht hinterher, sondern von Anfang an.

Prozesse synchronisieren
Wirkung entsteht im Takt

Alles läuft – aber nicht zusammen

In vielen Unternehmen wird gearbeitet, was das Zeug hält. Projekte werden angeschoben, Initiativen gestartet, Systeme eingeführt. Jeder Prozess für sich ist optimiert – schlank, effizient, gut gemeint. Doch das Ergebnis? Oft enttäuschend.

Warum? Weil die Prozesse nicht aufeinander abgestimmt sind. Entwicklung und Produktion arbeiten in unterschiedlichem Takt. Vertrieb verspricht, was das System nicht liefern kann. Controlling bewertet nach anderen Maßstäben als das Projektteam. Und am Ende fragt man sich: Warum verpufft so viel Energie?

Der „Ruck", den es braucht, ist klar: Keine weiteren Einzeloptimierungen. Sondern Synchronisation. Wirkung entsteht nicht im Teilprozess – sie entsteht im Zusammenspiel.

Taktlosigkeit kostet Wirkung

Wenn Prozesse nebeneinander laufen, aber nicht miteinander, entsteht Reibung. Übergaben haken. Schnittstellen werden zu Stolperstellen. Teams verlieren Zeit mit Rückfragen, Nacharbeiten, Abstimmungen. Das erzeugt Frust – und Kosten.

Besonders kritisch ist das in Innovationsprojekten. Wenn Entwicklungsmethoden nicht zu den Steuerungssystemen passen. Wenn agile Teams auf klassische Berichtspflichten treffen. Wenn das Time-to-Market durch interne Schleifen ausgebremst wird. Statt Wirkung entsteht Wartezeit.

Viele Unternehmen sind sich dieser Taktlücken nicht bewusst. Sie optimieren im Inneren – und verlieren im Außen. Prozesse, die sich nicht gegenseitig stärken, schwächen die

Organisation. Synchronisation ist deshalb kein Luxus, sondern Voraussetzung für Geschwindigkeit, Verlässlichkeit und Kundenwirkung.

Gemeinsames Taktgefühl und systemisches Denken entscheiden

Es geht nicht darum, alle Prozesse gleich zu machen. Es geht darum, sie aufeinander abzustimmen. Die Entwicklung braucht andere Zyklen als der Vertrieb, der Service andere Abläufe als die IT. Aber alle brauchen ein gemeinsames Ziel – und ein Gefühl dafür, wie sie sich gegenseitig beeinflussen.

Dazu braucht es Transparenz: Wer arbeitet wann woran? Was wird von wem gebraucht – und zu welchem Zeitpunkt? Und was passiert, wenn sich der Rhythmus ändert? Erst wenn diese Fragen offen diskutiert werden, entsteht ein abgestimmter Takt.

Auch die Steuerung muss sich anpassen. Statt starrer Meilensteine braucht es flexible Koordination. Statt Top-down-Vorgaben ein integratives Prozessverständnis. Führung bedeutet in diesem Kontext: Verknüpfen, ermöglichen, ausgleichen – nicht befehlen.

Wirkung entsteht im Zusammenspiel – nicht im Einzelakt

Prozesse sind keine Solisten. Sie sind Teil eines Orchesters. Und wie in der Musik gilt: Der beste Einzelspieler nützt wenig, wenn das Zusammenspiel nicht stimmt. Wer Wirkung erzielen will, muss zuhören, sich abstimmen, mitspielen.

Das verlangt von allen Beteiligten eine neue Haltung: vom Projektleiter bis zur Geschäftsleitung. Weg vom Denken in Zuständigkeiten, hin zum Denken in Ergebnissen. Weg vom Optimieren der eigenen Linie, hin zum Synchronisieren der Organisation.

Takt entscheidet über Wirkung

Wer schnell sein will, muss synchron sein. Wer Wirkung erzielen will, braucht abgestimmte Prozesse. Einzeloptimierung reicht nicht – gefragt ist Gesamtorientierung. Prozesse sind Mittel zum Zweck. Erst ihr Zusammenspiel erzeugt Wirkung.

Wirkung entsteht nicht durch Aktion. Sondern durch Abstimmung. Prozesse wirken nur gemeinsam. Wer Wirkung will, muss Abläufe abstimmen – nicht abarbeiten.

Führung befähigt Wirkung
Der Wandel beginnt oben

Es geht nicht ohne Führung – aber anders als früher

Wenn von Veränderung die Rede ist, fällt oft das Wort „Kultur". Wenn über Scheitern gesprochen wird, geht es meist um mangelnde Umsetzung. Aber beides hat einen gemeinsamen Kern: Führung. Ohne klare, befähigende, mitziehende Führung bleibt Veränderung ein Wunsch. Wirkung entsteht nicht von selbst – sie wird möglich gemacht. Und das beginnt ganz oben.

Der „Ruck", den es heute braucht, ist ein Führungsruck. Weg von Statusdenken, Kontrollillusion und Reaktionslogik. Hin zu einem neuen Führungsverständnis: Präsenz zeigen, Haltung einnehmen, Verantwortung ermöglichen – nicht nur delegieren.

Führung als Engpass – oder als Ermöglicher?

Viele Veränderungen scheitern nicht an den Ideen. Nicht an der Technik. Sondern daran, dass Führung keine Richtung gibt. Oder dass sie zwar redet, aber nicht handelt. Dass sie fordert, was sie selbst nicht vorlebt. Und dass sie absichert, was sie eigentlich verändern will.

So wird Führung zum Engpass. Zum Bremsklotz. Und zur Erklärung dafür, warum Mitarbeiter zwar könnten, aber nicht dürfen. Warum Teams zwar wollen, aber nicht wissen, wohin. Warum Ideen zwar entstehen, aber nicht umgesetzt werden.

Führung wirkt. Immer. Die Frage ist nur: wie? Wer Wandel wirklich will, muss sich als Führungskraft zuerst selbst bewegen. Und den Raum schaffen, in dem andere wirksam werden können.

Moderne Führung ist Haltung, Orientierung und Ermöglichung

Führung heute ist nicht mehr nur Entscheidung und Kontrolle. Sie ist Moderation, Priorisierung, Klarheit. Sie fragt: Was ist wirklich wichtig? Was brauchen unsere Teams, um wirken zu können? Welche Hindernisse müssen wir aus dem Weg räumen?

Dazu gehört auch die Fähigkeit, Unsicherheit auszuhalten. Nicht alles zu wissen, aber das Vertrauen zu geben, dass es gemeinsam gelingen kann. Es braucht den Mut zur Lücke – und die Stärke, sich nicht hinter Prozessen zu verstecken.

Gute Führung befähigt andere. Sie macht Wirkung möglich. Sie gibt Richtung, aber keine starren Vorgaben. Sie bewertet nicht nur Ergebnisse, sondern erkennt Einsatz, Lernen, Fortschritt an. Und sie steht ein – für Entscheidungen, für Menschen, für Entwicklung.

Vorbild sein heißt mitgehen – nicht bloß lenken

Wer Wirkung erwartet, muss sie selbst vorleben. Das beginnt bei kleinen Dingen: Zuhören, Rückendeckung geben, sich selbst hinterfragen. Führung wirkt durch Verhalten – nicht durch PowerPoint.

Dabei ist es nicht entscheidend, alles selbst zu tun. Entscheidend ist, das Richtige in Gang zu setzen. Verantwortung zu übertragen – nicht als Last, sondern als Ausdruck von Vertrauen. Führung befähigt, wenn sie loslässt. Nicht in Gleichgültigkeit, sondern in Verbundenheit.

Wandel braucht Führung, die loslässt und trägt

Der Wandel beginnt oben – mit Menschen, die bereit sind, Haltung zu zeigen und Verantwortung zu teilen. Führung wirkt nicht durch Macht, sondern durch Mut. Nicht durch Anordnung, sondern durch Ermöglichung.

Führung, die Wirkung will, muss mitgehen. Führung wirkt, wenn sie befähigt. Wer Wirkung will, muss Rahmen geben – nicht Kontrolle.

Methoden gezielt einsetzen
Präzision statt Methodenzirkus

Viele Werkzeuge – aber wenig Wirkung?

In Unternehmen mangelt es nicht an Methoden. Im Gegenteil: In jedem Workshop liegt ein bunter Strauß an Tools auf dem Tisch. Design Thinking, Canvas, Lean Startup, FMEA, QFD, Six Sigma, Agile, Scrum, Stage-Gate – alles schon mal gehört, manches eingeführt, vieles halbherzig genutzt. Doch was bleibt am Ende davon übrig? Oft Frust. Manches läuft. Vieles läuft leer.

Der „Ruck", den es braucht, ist ein Umdenken: Nicht mehr Methoden um der Methoden willen. Sondern gezielter, bewusster Einsatz. Nicht das *Was?* entscheidet, sondern das *Wozu?* Es geht nicht um bunte Moderationskarten. Es geht um Wirkung.

Wenn Methode zum Selbstzweck wird

Zu viele Methoden verstopfen den Fluss. Sie werden zur Pflichtübung, zur Show – oder zur Vermeidung von Verantwortung. Ein Canvas ausfüllen ersetzt kein Gespräch mit dem Kunden. Ein agiles Board löst keine Blockaden im Kopf. Und ein Workshop ohne echtes Ziel erzeugt nur bunte Pinnwände, aber keine Bewegung.

Dabei steckt in all diesen Tools ein Wert – wenn man sie richtig einsetzt. Wenn man weiß, wofür sie gedacht sind. Und wenn sie mit der Frage verbunden werden: Was wollen wir wirklich erreichen? Methoden sind Mittel, keine Lösung. Und auch kein Ersatz für Klarheit.

Weniger ist mehr – aber das Richtige

Methoden entfalten dann Wirkung, wenn sie zur Aufgabe passen. Wenn sie Teams helfen, etwas zu durchdringen, sichtbar zu machen, zu strukturieren. Wenn sie nicht als Korsett, sondern als Hilfe erlebt werden. Und wenn sie an einem echten Problem ansetzen – nicht nur „einen Prozess abbilden".

Führungskräfte sollten nicht fragen: „Welche Methode ist neu?" Sondern: „Was hilft uns jetzt wirklich?" Teams sollten lernen, Methoden nicht nur zu bedienen, sondern ihren Sinn zu verstehen. Und Organisationen sollten den Mut haben, sich von Methodenzirkus zu trennen, wenn er nur Ressourcen frisst – aber keinen Fortschritt bringt.

Das bedeutet auch: Methoden dürfen ruhig einfach sein. Ein klares Gespräch mit dem Kunden wirkt manchmal mehr als ein aufwendiges Assessment. Eine schnelle Visualisierung der Wertschöpfung ist oft effektiver als ein mehrtägiger Workshop.

Nicht was wir nutzen, sondern wie wir denken

Methoden wirken nur, wenn die Haltung stimmt. Wenn Teams offen sind, wenn Führung Klarheit schafft, wenn das Ziel ernst gemeint ist. Die beste Methode nutzt nichts, wenn das System sie blockiert. Oder wenn Menschen sie als Pflichtübung sehen, nicht als Werkzeug.

Deshalb beginnt wirksamer Methodeneinsatz nicht mit dem Tool, sondern mit der Haltung: offen, klar, zielgerichtet. Wer Wirkung will, muss nicht alles kennen. Er muss wissen, was jetzt zählt. Und bereit sein, die Methode auch mal wegzulassen, wenn sie nicht hilft.

Präzise statt beliebig – das richtige Werkzeug zum richtigen Zeitpunkt

Nicht mehr Methoden, sondern mehr Wirkung. Nicht Toolkits, sondern Zielklarheit. Wer Methoden gezielt einsetzt, schafft Orientierung und schafft Raum für echte Lösungen. Präzision statt bunter Methodensalat.

Methoden sind kein Ersatz für Denken. Wer Wirkung will, setzt sie gezielt ein – und entscheidet bewusst. Wirkung entsteht durch Fokus, nicht durch Vielfalt.

Lebenszyklen gestalten
Denken in Generationen

Alles hat seine Zeit – aber nicht alles wird rechtzeitig gedacht

Produkte, Anlagen, Systeme – alles, was wir entwickeln, hat einen Lebenszyklus. Es entsteht, reift, verändert sich, wird ersetzt. Das weiß jeder, der in Technik oder Management Verantwortung trägt. Und doch handeln viele Unternehmen, als gäbe es nur die Gegenwart: Markteinführung, Umsatz, kurzfristiger Erfolg. Was davor war, wird vergessen. Was danach kommt, verdrängt.

Der „Ruck", den es braucht, ist ein Perspektivwechsel: Weg vom Jetzt-Horizont, hin zum Denken in Lebenszyklen. Wer Wirkung gestalten will, muss vorausschauen. Nicht nur, um Fehler zu vermeiden – sondern um Potenziale zu erkennen. Denn Lebenszyklen zeigen nicht nur den Anfang und das Ende. Sie zeigen den Weg dazwischen – und wie man ihn wirtschaftlich, nachhaltig und wirksam gestaltet.

Der blinde Fleck nach dem Launch

Nach der Markteinführung beginnt oft das große Schweigen. Produkte laufen – solange sie laufen. Wenn ein Problem auftaucht, wird repariert, optimiert, notfalls neu entwickelt. Doch systematische Betreuung, laufende Verbesserung, vorausschauende Planung? Fehlanzeige. Es fehlt an Daten, Ressourcen, klarer Zuständigkeit. Und vor allem: am Denken in Zyklen.

Dabei entstehen gerade in den mittleren Phasen – Nutzung, Service, Weiterentwicklung – enorme Potenziale. Wer seine Produkte versteht, kann Kundennutzen steigern, Kosten senken, Upgrades vorbereiten. Wer rechtzeitig den Rückbau plant, spart später Kosten und Ärger. Wer früh an Recycling denkt, schafft Wettbewerbsvorteile in nachhaltigen Märkten.

Kurz: Wer den gesamten Lebenszyklus betrachtet, handelt wirtschaftlicher – und verantwortungsvoller.

Gebraucht wird: Vorausschau, Struktur, Generationenblick

Lebenszyklusdenken ist mehr als eine Grafik mit Phasen. Es ist ein Führungsprinzip. Ein strategischer Rahmen, um Ressourcen, Innovation, Nachhaltigkeit und Wirtschaftlichkeit miteinander zu verknüpfen.

Das beginnt bei der Entwicklung: Welche Materialien sind rückbaufähig? Wie modular ist das Design? Wie gut lassen sich Komponenten nachrüsten oder recyceln? Weiter geht es mit Service- und Wartungskonzepten, die echten Mehrwert bieten – statt nur Kosten zu verursachen. Und am Ende steht die Frage: Wie organisieren wir das Produktende so, dass neue Angebote entstehen – und kein Schrott?

Unternehmen, die in Generationen denken, sind resilienter. Sie entwickeln nicht nur Produkte – sie entwickeln Systeme. Systeme, die wachsen können. Die sich anpassen. Und die nicht bei Version 1.0 stehen bleiben, sondern auf Dauer Wirkung entfalten.

Lebenszyklen ernst nehmen heißt Verantwortung übernehmen

Produkte haben Folgen – über Jahre. Wer sie gestaltet, trägt Mitverantwortung für Nutzung, Wartung, Weiterentwicklung, Entsorgung. Das ist keine Last, sondern eine Chance: zur Differenzierung, zur Kundenbindung, zur nachhaltigen Innovation.

Lebenszyklen ernst zu nehmen, heißt auch: Abwägen. Nicht alles perfekt machen wollen. Sondern bewusst entscheiden, was für welche Phase wichtig ist. Heute planen, was morgen wirkt. Und so unternehmerisch denken – nicht nur technisch.

Wirkung über Zeit – nicht nur im Moment

Lebenszyklen gestalten heißt: heute besser denken, morgen besser handeln. Es ist die Kunst, Wirtschaftlichkeit, Kundennutzen und Nachhaltigkeit über Zeit zu verbinden. Denken in Generationen statt kurzfristigem Erfolg.

Wer Wirkung gestalten will, muss mehr sehen als den Produktstart. Wirkung endet nicht mit der Auslieferung. Wer wirtschaftlich gestalten will, denkt über den gesamten Lebenszyklus, denn der ist der Taktgeber nachhaltiger Entwicklung.

Produktkosten strategisch gestalten
Vom Preis zur Perspektive

Produktkosten – mehr als Zahlen auf dem Papier

Produktkosten gelten oft als technisches Detail. Eine Zahl in Excel, ein Ergebnis aus der Kalkulation, ein Thema fürs Controlling. Doch das greift zu kurz. Denn Produktkosten sind Ausdruck von Entscheidungen – über Materialien, Funktionen, Prozesse, Zeitpunkte. Und vor allem: über Haltung.

Der „Ruck", den es heute braucht, ist ein strategisches Kostenverständnis. Weg vom Rechnen am Ende – hin zum Gestalten am Anfang. Wer Produktkosten ernst nimmt, nutzt sie nicht als Limit, sondern als Wegweiser. Nicht als Sparbremse, sondern als Steuerungsgröße für Innovation, Markterfolg und Zukunftsfähigkeit.

Wenn Kosten erst spät gedacht werden, wird es teuer

In vielen Unternehmen beginnt die Auseinandersetzung mit Kosten zu spät. Erst wenn das Produkt fast fertig ist, kommt die Frage: Können wir uns das leisten? Und dann beginnt das große Streichen – Funktionen, Materialien, Qualität. Die Folge: Konflikte, Zeitdruck, Frust. Und oft: ein Produkt, das zwar billiger ist, aber weniger wirkt.

Dabei ist längst bekannt: Die größten Kostenhebel liegen in der frühen Phase. Dort, wo entschieden wird, welche Funktionen überhaupt gebraucht werden. Wo definiert wird, wie komplex ein Produkt sein darf. Und wo Gestaltungsspielräume noch offen sind.

Wer hier ansetzt, handelt nicht reaktiv – sondern strategisch. Er gestaltet nicht nur das Produkt, sondern auch seine Wirtschaftlichkeit.

Klarheit, Kundennutzen, Perspektivwechsel entscheiden über den Erfolg

Strategisches Kostenmanagement beginnt mit Fragen: Was braucht der Kunde wirklich? Welche Funktionen schaffen Wert – welche nur Aufwand? Welcher Preis ist am Markt durchsetzbar – und was bedeutet das für unsere Lösungsstrategie?

Diese Fragen führen zu einem Perspektivwechsel. Weg von der internen Logik, hin zur Marktsicht. Vom Stückpreis zur Kundenwahrnehmung. Vom Nachrechnen zur Vorausplanung. Methoden wie Target Pricing und Design to Cost können hier wertvolle Orientierung geben – wenn sie nicht als starre Tools verstanden werden, sondern als Denkrahmen.

Es geht darum, frühzeitig Teams zu befähigen, wirtschaftlich zu denken – ohne Innovation abzuwürgen. Kundenbedürfnisse, technische Lösungen und betriebswirtschaftliche Realität müssen zusammengeführt werden. Nicht im Widerspruch, sondern im Zusammenspiel.

Wirtschaftlichkeit ist Führungsaufgabe – keine Restgröße

Produktkosten sind nicht das Ergebnis von Sparzwang. Sie sind Ausdruck unternehmerischer Verantwortung. Wer hier nur reagiert, verspielt Wirkung. Wer gestaltet, schafft Raum – für Innovation, für Differenzierung, für langfristigen Erfolg.

Diese Haltung muss vom Management getragen werden. Wirtschaftlichkeit ist kein Feind der Entwicklung – sondern ihr Rahmen. Keine Grenze, sondern ein Gestaltungsfeld. Und kein Kontrollinstrument, sondern ein strategischer Kompass.

Produktkosten sind kein Zufall – sie sind das Ergebnis von Haltung

Produktkosten entstehen nicht einfach. Sie sind das Ergebnis von Entscheidungen. Wer früh, klar und kundenorientiert denkt, kann sie gestalten – und damit Wirkung, Wirtschaftlichkeit und Markterfolg verbinden.

Kosten sind keine Folge – sie sind Strategie. Wer vorne sein will, gestaltet Produktkosten mit Blick auf Wirkung und schafft Perspektive.

Wertentwicklung leben
Zukunft messbar machen

Wert entsteht nicht von allein – und bleibt nicht ohne Pflege

In einer Welt, die sich permanent verändert, ist es nicht genug, ein gutes Produkt zu haben. Auch nicht, ein funktionierendes Geschäftsmodell. Der Markt fragt nicht, was war – sondern was wirkt. Wert entsteht durch Wirkung. Und Wirkung muss sich entwickeln. Sonst bleibt sie stehen.

Der „Ruck", den wir brauchen, ist ein neues Verständnis von Entwicklung: nicht mehr in abgeschlossenen Phasen, sondern als lernender, iterativer Prozess. Wer Zukunft gestalten will, darf sich nicht auf vergangene Erfolge stützen. Er muss Wert kontinuierlich erzeugen, prüfen, anpassen – und in Wirkung übersetzen.

Wenn Wert nicht entwickelt wird, verliert er sich

In vielen Organisationen wird einmal entschieden – und dann gefahren. Eine Lösung wird eingeführt, ein Produkt gelauncht, ein Konzept ausgerollt. Danach: Routine. Und irgendwann die Feststellung, dass der Markt weiter ist. Die Kunden anders denken. Der Nutzen gesunken ist. Und der Rückstand wächst.

Wert ist nichts Statisches. Er muss immer wieder neu erarbeitet, verstanden, hinterfragt werden. Nicht durch Krisenrunden, sondern durch kontinuierliche Aufmerksamkeit. Nicht durch große Programme, sondern durch konsequentes Dranbleiben.

Und: durch echtes Interesse an der Frage, was für Kunden wirklich zählt.

Wirkung sichtbar machen, lernen zulassen, weiterdenken

Wertentwicklung beginnt mit der Haltung, dass wir nicht alles wissen. Und nicht alles planen können. Aber wir können lernen. Und wir können messen – nicht nur Umsatz und Kosten, sondern auch Relevanz, Resonanz, Nutzen.

Das braucht neue Indikatoren. Weg von reinen KPI-Listen, hin zu echten Relevanzgrößen. Welche Lösungen werden genutzt – und welche ignoriert? Wo entsteht echter Fortschritt – und wo nur Aufwand? Welche Investition zahlt auf Zukunft ein – und welche auf Vergangenheitsbewältigung?

Wertentwicklung heißt, kontinuierlich zu prüfen: Tun wir das Richtige – und tun wir es gut? Und wenn nicht: Was lernen wir daraus?

Nicht alles, was wirkt, ist messbar – aber alles Messbare muss wirken

Die Diskussion um Zahlen ist oft eine Ausrede. Ein Business Case ohne Klarheit über den tatsächlichen Kundennutzen ist wertlos. Und ein Reporting, das Wirkung nur in Kostengrößen übersetzt, führt am Ziel vorbei.

Wertentwicklung braucht den Mut, auch neue Formen von Wirkung zu denken: Kundenbindung, Vertrauen, Nachhaltigkeit, Zukunftsoptionen. Diese lassen sich nicht immer sofort in Euro ausdrücken – aber sie haben wirtschaftliche Bedeutung.

Führung bedeutet, diese Bedeutung ernst zu nehmen. Und sie im Unternehmen sichtbar zu machen.

Wert entsteht durch Entwicklung – Wirkung macht ihn sichtbar

Zukunft ist nicht planbar – aber gestaltbar. Und Wert ist nicht einfach da – er muss wachsen, sich verändern, sich bewähren. Wer Wertentwicklung lebt, hält die Verbindung zwischen Idee und Wirkung aufrecht. Und macht Zukunft konkret.

Wert entsteht durch Gestaltung. Wer Zukunft gestalten will, braucht gelebte Wertentwicklung – als Haltung und Werkzeug zugleich.

Entscheidungskraft nutzen
Was Führung wirklich bedeutet

Führung ist kein Sammelbegriff – sie zeigt sich in Entscheidungen

Wer führt, muss entscheiden. Nicht irgendwann, nicht vielleicht, nicht, wenn alles klar ist – sondern rechtzeitig, wirksam, mit Blick nach vorn. In vielen Organisationen herrscht das Gegenteil: Vieles wird diskutiert, moderiert, abgestimmt. Aber entschieden wird spät – oder gar nicht.

Der „Ruck", den es jetzt braucht, ist eine Rückkehr zur Entscheidungskraft. Nicht als autoritäres Durchgreifen, sondern als Ausdruck von Verantwortung. Wer führen will, darf sich nicht wegducken. Denn ohne Entscheidung keine Richtung. Und ohne Richtung keine Wirkung.

Wenn Führung zaudert, verliert das Unternehmen an Tempo

Zögerliche Entscheidungen lähmen. Sie verzögern Projekte, verunsichern Teams, verbrennen Ressourcen. Vor allem aber: Sie verhindern Fortschritt. Wer alles offen lässt, lässt auch alles zu – und überlässt die Zukunft dem Zufall.

In Zeiten beschleunigter Märkte, wachsender Komplexität und permanentem Wandel ist Klarheit wertvoller denn je. Es geht nicht um absolute Sicherheit. Es geht um Mut, bei Unsicherheit das Richtige zu tun – und es verantwortlich zu vertreten.

Führung bedeutet, Widersprüche auszuhalten, Alternativen abzuwägen – und dann zu handeln. Nicht das perfekte Ergebnis zählt, sondern die entschlossene Bewegung.

Klare Verantwortung, transparentes Denken, Wirksamkeit, die entscheidenden Faktoren

Entscheidungskraft zeigt sich nicht nur am Ergebnis, sondern im Umgang mit Unsicherheit. Führungskräfte müssen lernen, auch bei unvollständiger Datenlage zu entscheiden – auf Basis von Sinn, Erfahrung, und der Frage: Was hilft uns weiter?

Dazu gehört: Verantwortung übernehmen, auch wenn es unbequem ist. Keine Delegation nach unten, keine Scheindebatten. Wer entscheidet, muss mittragen – nicht nur mitreden.

Gute Entscheidungen sind selten schwarz-weiß. Sie erfordern Prioritäten, manchmal auch Mut zur Lücke. Sie brauchen Perspektivenwechsel, Empathie, aber auch ökonomische Klarheit. Vor allem aber: den Willen, etwas zu verändern.

Führung heißt, voranzugehen – nicht zu warten, bis alles sicher ist

Zu viele Führungskräfte warten auf Klarheit, bevor sie entscheiden. Doch Klarheit entsteht oft erst durch Entscheidung. Wer alles absichern will, führt nicht – sondern verwaltet Risiken. Wer jedoch Verantwortung übernimmt, schafft Vertrauen. Und Handlungsspielräume.

Gute Führung beginnt damit, die eigene Rolle ernst zu nehmen. Sie endet nicht beim Teammeeting oder bei der Strategiepräsentation. Sie zeigt sich, wenn Entscheidungen getroffen, erklärt und getragen werden. Selbst dann, wenn sie korrigiert werden müssen.

Entscheidungskraft ist die Währung der Führung

Ohne Entscheidung keine Richtung. Ohne Richtung keine Wirkung. Führung, die wirkt, beginnt mit Haltung – und zeigt sich im Mut, zu entscheiden.

Führung heißt entscheiden. Wer Wirkung will, braucht Entscheidung. Wer führen will, muss wählen – nicht warten.

Start-up-Mentalität in etablierten
Strukturen Beweglichkeit im Denken

Groß geworden – und träge geworden?

Etablierte Unternehmen verfügen über alles, was Start-ups sich wünschen: Kapital, Erfahrung, Marktpräsenz, Kundenbeziehungen. Und doch spüren viele von innen heraus, dass etwas verloren gegangen ist. Nicht an Substanz – sondern an Beweglichkeit.

Die Fähigkeit, schnell zu reagieren. Dinge auszuprobieren. Fehler als Lernchance zu sehen. Entscheidungen mit 80 % Sicherheit zu treffen – statt sie mit 120 % abzusichern. All das ist Teil der Start-up-Mentalität. Und genau das wird in einer dynamischen, komplexen Welt wieder gebraucht.

Der „Ruck", der jetzt notwendig ist, betrifft das Denken: Weniger Prozess, mehr Experiment. Weniger Status, mehr Verantwortung. Weniger Absicherung, mehr Vorangehen.

Wenn Strukturen lähmen statt schützen

Strukturen sind wichtig – sie geben Stabilität, Verlässlichkeit, Orientierung. Aber Strukturen können auch träge machen. Wenn jede Entscheidung durch fünf Gremien muss. Wenn jede Idee erst durch drei Budgetrunden geht. Wenn Fehler zum Karriereende führen.

Viele etablierte Organisationen haben über Jahrzehnte gelernt, Risiken zu vermeiden. Doch wer Risiken scheut, verhindert auch Neues. Und wer keine Fehler zulässt, verhindert Lernen.

Das Ergebnis: Gute Ideen werden langsam. Entscheidungen werden mutlos. Talente wandern ab. Und der Blick geht zurück – statt nach vorn.

Vertrauen, Geschwindigkeit, Mut zur Lücke zwingend erforderlich

Beweglichkeit beginnt nicht mit Tools – sondern mit Haltung. Sie erfordert ein Klima, in dem Initiative willkommen ist. In dem nicht alles perfekt sein muss. In dem nicht auf den großen Plan gewartet wird, sondern einfach mal ausprobiert wird.

Das heißt nicht: Chaos. Es heißt: gezieltes Testen, schnelles Feedback, iterative Entwicklung. Start-ups nennen das MVP – Minimum Viable Product. Etablierte Unternehmen können es „mutiger Prototyp" nennen. Entscheidend ist: nicht mehr nur analysieren, sondern tun.

Und: Verantwortung dorthin geben, wo sie gebraucht wird – in die Teams. Weg vom Absichern nach oben, hin zur Wirksamkeit vor Ort. Dafür braucht es Führung, die loslässt, aber nicht gleichgültig ist.

Beweglichkeit ist kein Stilbruch – sie ist überlebenswichtig

Wer sagt, wir sind kein Start-up, der hat recht. Aber wer daraus schließt, wir können uns nicht bewegen – der irrt. Beweglichkeit ist kein Alleinstellungsmerkmal der Kleinen. Sie ist ein Überlebensprinzip für alle, die weiter Wirkung entfalten wollen.

Es braucht nicht das komplette Re-Design. Oft reichen schon kleine Freiräume, schnelle Entscheidungen, ein verändertes Führungsverhalten. Dort, wo wieder gelernt, ausprobiert, gedacht werden darf, entsteht neue Energie. Und die ist ansteckend.

Beweglichkeit entsteht im Kopf – und zeigt sich im Handeln

Start-up-Mentalität ist kein Modetrend, sondern eine unternehmerische Notwendigkeit. Beweglichkeit im Denken öffnet Handlungsspielräume. Sie schafft Dynamik, fördert Innovation – und macht Organisationen wieder zukunftsfähig.

Nicht jedes Unternehmen muss ein Start-up sein. Start-up ist kein Format – sondern eine Haltung. Wer neu wirken will, muss neu denken lernen.

Zukunftsvisionen verankern
Leitplanken für langfristige Wirkung

Zukunft ist kein Zufall – sie beginnt mit einem klaren Bild

Viele Organisationen arbeiten hart – aber nicht immer in die richtige Richtung. Es gibt Projekte, Programme, Aktivitäten. Doch das große Bild fehlt. Die Antwort auf die Frage: Wofür tun wir das alles eigentlich? Und: Wie soll unser Unternehmen in fünf, zehn oder zwanzig Jahren aussehen?

Eine Zukunftsvision ist kein nettes Add-on. Sie ist die Voraussetzung für strategisches Handeln. Ohne sie bleibt alles kurzfristig, reaktiv, austauschbar. Erst eine klare Vision schafft Richtung – für Entscheidungen, Innovationen, Investitionen. Und für Menschen, die Orientierung brauchen.

Der „Ruck", den es braucht, ist ein neues Verständnis von Zukunft: Nicht als Unsicherheitsfaktor, sondern als Gestaltungsraum.

Wenn Klarheit fehlt, entsteht Beliebigkeit

Fehlende Visionen führen zu Aktionismus. Alles ist möglich – aber nichts ist priorisiert. Führungskräfte entscheiden nach Bauchgefühl. Teams verlieren den Überblick. Und Mitarbeitende fragen sich, warum sie sich eigentlich engagieren sollen.

Zukunftsvisionen schaffen nicht nur strategische Richtung, sondern auch Sinn. Sie machen aus Aufgaben Beiträge. Aus Projekten Schritte. Und aus Zielen echte Wirkung. Ohne sie entsteht kein gemeinsames Vorwärts.

In einer Welt, die sich ständig verändert, braucht es nicht weniger Vision – sondern mehr. Nicht als starre Zielvorgabe, sondern als dynamischen Rahmen. Eine Vision muss nicht alles vorwegnehmen. Aber sie muss zeigen, wohin wir wollen – und warum es sich lohnt, mitzugehen.

Gebraucht werden: Mut zur Ambition, Dialog, Konsequenz

Eine gute Zukunftsvision beginnt mit der Frage: Was ist unser Beitrag? Für den Markt, für die Gesellschaft, für die Zukunft? Daraus entsteht mehr als ein Zielbild – es entsteht ein Anspruch. Und dieser Anspruch muss kommuniziert, diskutiert, gelebt werden.

Das gelingt nicht im stillen Kämmerlein. Es braucht den Dialog mit Kunden, Teams, Partnern. Denn eine Vision, die nicht verstanden wird, bleibt bedeutungslos. Und eine Vision, die nicht in Entscheidungen durchschlägt, verliert ihre Wirkung.

Vision heißt auch: Konsequenz. Wer sagt, dass Nachhaltigkeit Teil der Zukunft ist, muss heute damit anfangen. Wer Innovation fordert, muss Experimente zulassen. Wer Vielfalt will, muss Strukturen anpassen. Visionen brauchen Rückgrat.

Zukunft beginnt dort, wo Menschen gemeinsam daran glauben

Eine Vision ist kein Poster an der Wand. Sie lebt nur, wenn sie im Denken, Handeln und Entscheiden spürbar ist. Führung bedeutet, diese Vision zu verkörpern. Und Menschen dafür zu gewinnen, sie mit Leben zu füllen.

Visionen geben Hoffnung – aber sie verlangen auch Klarheit. Sie sind Einladung und Verpflichtung zugleich. Wer Zukunft gestalten will, darf nicht nur verwalten. Er muss vorangehen.

Visionen führen – wenn sie gelebt werden

Zukunft entsteht nicht von selbst. Sie beginnt mit einem inneren Bild, einem strategischen Anspruch, einem gemeinsamen Ziel. Visionen, die verankert sind, geben Orientierung, motivieren und bündeln Energie – über Jahre hinweg.

Eine starke Zukunftsvision ist kein Wunschtraum, keine Fantasie – sie ist der erste Schritt zu strategischer Führung in die Zukunft – und der Maßstab für heutiges Handeln.

Wissenspotenzial entfalten
Ressourcen neu denken

Wissen ist da – aber oft nicht wirksam

In vielen Unternehmen schlummert ein enormer Schatz: Wissen, Erfahrung, Erkenntnis. Doch statt als Ressource genutzt zu werden, bleibt vieles ungehoben. Es liegt in Schubladen, auf Servern oder in Köpfen – und verliert mit jedem Tag an Wert.

Dabei ist Wissen nicht knapp – aber seine Wirkung schon. Denn Wissen entfaltet erst dann Kraft, wenn es zugänglich, geteilt, vernetzt und angewendet wird. Wer Wirkung will, muss Wissen bewegen. Nicht als Selbstzweck, sondern als Beitrag zur Lösung.

Der „Ruck", den es braucht, ist die Abkehr von Wissensverwaltung hin zu Wissenswirkung. Weg von starren Datenbanken, hin zu dynamischem Denken.

Wenn Wissen nicht wirkt, ist es eine vergeudete Ressource

Wissen veraltet – schnell. Und noch schneller wird es irrelevant, wenn es nicht in Bewegung bleibt. Oft fehlt es nicht an Information, sondern an Verbindung: zwischen Bereichen, zwischen Menschen, zwischen Idee und Umsetzung.

Echte Innovation entsteht nicht durch mehr Daten – sondern durch besseres Verstehen. Und durch den Austausch zwischen Perspektiven. Doch wer Wissen hortet, statt es zu teilen, wer absichert, statt öffnet, verliert genau das, was zukunftsfähig macht: kollektive Intelligenz.

Gleichzeitig geht wertvolles Erfahrungswissen oft verloren – beim Generationenwechsel, bei Reorganisationen, im Alltag. Nicht, weil es verschwindet, sondern weil niemand zuhört.

Räume, Strukturen und Haltung für aktives Wissen schaffen

Wissenspotenzial zu entfalten, heißt nicht, mehr zu speichern. Es heißt, mehr zu verstehen, zu verbinden und weiterzugeben. Dafür braucht es Räume, in denen Wissen sichtbar wird – Meetings, Formate, Lernzeiten. Aber auch digitale Tools, die nicht nur archivieren, sondern aktivieren.

Wichtig ist: Es geht nicht nur um Inhalte, sondern um Kontext. Nur wer versteht, wann, warum und wie etwas gewirkt hat, kann daraus lernen. Und nur wer Vertrauen hat, teilt auch das, was schiefging.

Wissen ist kein Besitz – es ist ein Beitrag. Führung heißt, diesen Beitrag zu ermöglichen, zu würdigen und in Wirkung zu übersetzen.

Wissensweitergabe ist keine Nettigkeit – sie ist Führungsaufgabe

Oft wird Wissen geteilt, wenn Zeit ist. Oder wenn es verlangt wird. Dabei müsste es umgekehrt sein: Wissen ist zentral – alles andere ergibt sich daraus. Wer Wissen nicht ernst nimmt, verliert Orientierung, Qualität und Geschwindigkeit.

Deshalb beginnt Wissenswirkung mit einem Kulturwandel: Weg vom Silodenken, hin zum offenen Austausch. Weg vom Status über Wissen, hin zur Verantwortung durch Wissen. Das braucht Vorbilder. Und Systeme, die Wissen als Ressource behandeln – nicht als Belastung.

Wissen wirkt nur, wenn es bewegt wird

Wissen ist mehr als Information – es ist die Grundlage für jede Entscheidung, jede Innovation, jede Zukunftsgestaltung. Wer sein Wissenspotenzial entfalten will, muss neu denken: gemeinsam, verbindend, konsequent.

Wissen allein verändert nichts. Erst wenn es geteilt, verbunden und genutzt wird, entsteht Wirkung. Wer Zukunft gestalten will, muss Wissen strategisch entfalten.

Innovation ermöglichen
Wie wir aus Ideen Wirkung machen

Ideen gibt es genug – aber wie wird daraus etwas?

Fast jedes Unternehmen spricht über Innovation. Manche haben Innovationsabteilungen, andere Innovationslabore. Manche feiern kreative Workshops, andere Start-up-Kooperationen. Doch die entscheidende Frage bleibt: Wie wird aus einer Idee wirklich etwas – im Markt, beim Kunden, in der Bilanz?

Innovation ist kein Selbstzweck. Sie ist Mittel zum Zweck – und dieser Zweck heißt Wirkung. Es geht nicht darum, möglichst viele Ideen zu generieren. Es geht darum, die richtigen Ideen zur richtigen Zeit in die richtige Form zu bringen – und sie dann durchzusetzen.

Der „Ruck", den es braucht, ist die Abkehr von bunter Innovationsfolklore hin zur strategischen, wirksamen Umsetzung.

Wenn Ideen stecken bleiben, scheitert Innovation an sich selbst

Viele gute Ideen verschwinden in der frühen Phase – nicht, weil sie schlecht sind, sondern weil sie nicht weiterverfolgt werden. Die Gründe sind oft strukturell: fehlende Zuständigkeit, unklare Budgets, überladene Prozesse. Oder kulturell: Angst vor Scheitern, mangelndes Vertrauen, Hierarchiedenken.

Innovation braucht einen Nährboden. Sie braucht Freiraum – aber auch Führung. Sie braucht Offenheit – aber auch Klarheit. Wer ständig zwischen Euphorie und Kontrolle pendelt, blockiert. Wer Innovation wirklich ermöglichen will, muss sich entscheiden: Mut oder Management – oder beides zur richtigen Zeit.

Innovation benötigt Räume, Strukturen und die Bereitschaft zum Risiko

Innovation entsteht, wo Neues gewollt ist – und wo es darf. Dafür braucht es klar definierte Spielräume: Zeitfenster, Budgets, Teams. Aber auch Entscheidungswege, die mutig genug sind, etwas Unfertiges weiterzutragen.

Nicht jede Idee muss ein fertiges Produkt werden. Aber jede ernst gemeinte Idee braucht Sichtbarkeit, Resonanz, eine Chance. Das Minimum Viable Product (MVP) – also das einfachste funktionierende Modell – ist ein pragmatischer Anfang. Danach zählt: Lernen, verbessern, konsequent weitergehen.

Innovation wird dort Realität, wo Kunden einbezogen werden, wo Technik nicht isoliert gedacht wird, wo Markt und Nutzen von Anfang an berücksichtigt sind. Und wo Führung nicht nur absichert, sondern fördert – auch wenn es unbequem wird.

Innovation braucht Ernsthaftigkeit – und den Willen zur Umsetzung

Innovativ zu sein heißt nicht, ständig neue Ideen zu haben. Es heißt, dranzubleiben, Rückschläge zu akzeptieren, aus Irrtümern zu lernen und weiterzumachen. Es heißt, an die Wirkung zu glauben – und dafür Verantwortung zu übernehmen.

Führungskräfte, die Innovation ermöglichen wollen, müssen loslassen können. Aber sie müssen auch fordern. Sie müssen entscheiden, priorisieren, durchsetzen. Nicht in jedem Detail, aber im Geist: „Diese Idee verdient eine Chance – und wir stehen dazu."

Innovation ist mehr als Idee – sie ist Umsetzung mit Wirkung

Innovation bedeutet, aus Möglichkeiten Realität zu machen. Es geht um mehr als Kreativität: um Verantwortung, Strategie, Haltung. Wer Innovation ermöglichen will, braucht Systeme – aber vor allem Mut.

Ideen brauchen Raum. Ideen sind wertlos, wenn sie nicht umgesetzt werden. Innovation entsteht, wenn wir bereit sind, Verantwortung zu übernehmen – für Neues, für Wirkung, für Zukunft.

Unternehmergeist als Kultur
Verantwortung als Antrieb

Unternehmerisch handeln – ohne selbst Unternehmer zu sein?

In vielen Organisationen herrscht eine paradoxe Situation: Es gibt unzählige Führungskräfte, aber wenig Führung. Es gibt operative Verantwortung, aber selten persönliches Engagement für das Ganze. Es gibt Ziele, Pläne, KPI's – aber kaum jemanden, der sagt: Ich trage das. Ich will das. Ich mach das.

Unternehmergeist ist keine Frage der Position. Es ist eine Haltung. Sie zeigt sich nicht im Titel, sondern im Tun. Menschen mit Unternehmergeist stellen Fragen, übernehmen Verantwortung, denken in Lösungen. Sie agieren vorausschauend. Sie warten nicht – sie beginnen.

Der „Ruck", den es braucht, ist ein Mentalitätswechsel: vom Verwalten zum Gestalten, vom Delegieren zum Vorangehen.

Wenn Verantwortung delegiert wird, aber keiner sie wirklich nimmt

Viele Organisationen sind gut darin, Aufgaben zuzuweisen. Doch wer fühlt sich wirklich verantwortlich für das Ergebnis? Wer denkt weiter als bis zum nächsten Bericht? Wer fragt sich: Wie kann ich echten Wert schaffen – für Kunde, Markt, Zukunft?

Dort, wo Verantwortung zerfasert, entsteht Trägheit. Dort, wo Menschen auf Ansagen warten, bleibt Potenzial ungenutzt. Unternehmergeist beginnt dort, wo Menschen Verantwortung nicht weiterreichen – sondern annehmen. Wo sie selbst zum Treiber werden.

Es geht nicht darum, jedem Mitarbeiter ein Start-up im Unternehmen zu übertragen. Aber es geht darum, eine Kultur zu schaffen, in der unternehmerisches Denken nicht nur erlaubt ist – sondern erwartet wird.

Unternehmergeist fordert Räume für Eigenverantwortung, echte Entscheidungsfreiheit, sichtbare Wirkung

Unternehmergeist entsteht, wenn Menschen den Sinn ihrer Arbeit verstehen, Einfluss nehmen können und für das Ergebnis stehen. Dafür braucht es drei Dinge: Sinn, Spielraum, Sichtbarkeit.

Sinn bedeutet: Ich weiß, warum ich tue, was ich tue – und wofür es zählt. Spielraum bedeutet: Ich darf eigene Entscheidungen treffen – im Rahmen eines klaren Zielbilds. Sichtbarkeit bedeutet: Mein Beitrag wird erkannt – von Kollegen, Kunden, Führung.

In dieser Kombination wächst Motivation. Und aus Motivation entsteht Bewegung. Führung muss diesen Raum ermöglichen – und gleichzeitig die Messlatte hochhalten: Nicht alles geht, aber vieles darf ausprobiert werden.

Unternehmergeist ist kein Privileg – er ist der Schlüssel zur Zukunft

Manche sagen: *Ich bin doch nur Angestellter.* Doch Zukunft wird nicht durch Besitz gestaltet, sondern durch Haltung. Menschen mit unternehmerischem Geist handeln, als ob das Unternehmen ihnen gehörte. Sie rechnen nicht nur – sie verantworten. Sie riskieren nicht leichtfertig – aber sie wagen etwas.

Unternehmergeist ist mehr als Innovationsfreude. Es ist die Bereitschaft, für Wirkung einzustehen. Entscheidungen zu treffen, wenn andere zögern. Chancen zu sehen, wo andere Probleme sehen. Und dabei das Ganze im Blick zu behalten – nicht nur das eigene Ressort.

Verantwortung ist nicht zugewiesen – sie wird genommen
Unternehmergeist ist keine Rolle, sondern eine Haltung. Wer Zukunft gestalten will, braucht Menschen, die mehr tun als verwalten – die Verantwortung suchen, übernehmen und tragen. Und Organisationen, die genau das ermöglichen.

Zukunft entsteht dort, wo Menschen unternehmerisch handeln – unabhängig von ihrer Position. Verantwortung ist kein Risiko – sie ist der Antrieb. Unternehmergeist macht aus Organisationen Bewegungen.

Digitale Hebel für Wirkung

Technologie wirtschaftlich nutzen

Digital ist nicht automatisch besser – aber besser, wenn es wirkt

Technologie ist allgegenwärtig. KI, Datenplattformen, Automatisierung, digitale Zwillinge, Industrie 4.0. Die Begriffe sind vertraut. Die Versprechen groß. Und doch bleibt die Wirkung in vielen Unternehmen überschaubar.

Digitalisierung ist kein Selbstzweck. Sie soll helfen, Probleme besser zu lösen, Prozesse einfacher zu machen, Entscheidungen fundierter zu treffen. Vor allem aber: Sie soll Wirkung entfalten – wirtschaftlich, kundennah, zukunftsfähig.

Der „Ruck", den es braucht, ist ein Perspektivwechsel: Weg von Technologie als Trend – hin zu Technologie als Werkzeug. Das Ziel ist nicht digital zu sein, sondern wirksam zu werden.

Wenn Technik zum Projekt wird – und nicht zur Lösung

In vielen Unternehmen laufen digitale Projekte nebeneinander her. Neue Tools werden eingeführt, Daten gesammelt, Dashboards gebaut. Doch oft fehlt der Bezug zur Praxis. Technologien existieren – aber sie verändern nichts.

Was fehlt, ist der Brückenschlag zwischen technischer Machbarkeit und unternehmerischer Relevanz. Zwischen Potenzial und konkretem Nutzen. Zwischen Tool und Prozess. Digitalisierung ist nicht, wenn mehr Software da ist – sondern wenn mehr Wirkung entsteht.

Das beginnt bei den richtigen Fragen: Welche Probleme wollen wir lösen? Was brauchen unsere Kunden wirklich? Wo entstehen durch digitale Mittel neue Spielräume?

Digitalisierung braucht klaren Fokus, klare Ziele, klare Verantwortung

Technologie entfaltet nur dann Wirkung, wenn sie auf ein konkretes Ziel einzahlt. Dafür braucht es einen geschärften Fokus: Was wollen wir erreichen? Wen betrifft es? Was darf es kosten? Und: Woran erkennen wir den Erfolg?

Zugleich braucht es Verantwortliche, die das Thema nicht nur begleiten, sondern treiben. Menschen, die Technologie als Hebel verstehen – und die Fähigkeit haben, Nutzen, Machbarkeit und Umsetzung zu verbinden.

Der entscheidende Unterschied liegt nicht in der Technik – sondern im Denken. Die besten Tools nützen nichts, wenn Prozesse nicht angepasst, Daten nicht verstanden oder Menschen nicht mitgenommen werden. Digitalisierung braucht Führung – nicht nur IT.

Digitale Mittel entfalten nur dort Kraft, wo Wirkung gewollt ist

Digitalisierung muss wirtschaftlich sein. Nicht im Sinne kurzfristiger Einsparung, sondern im Sinn nachhaltiger Verbesserung. Es geht um Geschwindigkeit, Qualität, Relevanz. Und darum, aus dem Möglichen das Sinnvolle zu machen.

Das bedeutet auch: Nicht jede Technologie passt zu jedem Unternehmen. Nicht jedes System muss eingeführt werden. Nicht jeder Hype bringt Nutzen. Entscheidend ist, dass der Einsatz digitaler Mittel konsequent an Wirkung gekoppelt ist.

Technologie ist kein Ersatz für Denken – sondern eine Einladung, besser zu denken. Und schneller zu handeln.

Digital bedeutet nicht mehr – sondern gezielter
Digitale Hebel entfalten ihre Kraft, wenn sie richtig angesetzt werden. Wer Wirkung will, braucht kein Digital-Lab – sondern klare Ziele, Mut zur Veränderung und das Verständnis, wie Technologie den Unterschied machen kann.

Digitalisierung ist kein Ziel – sie ist ein Mittel. Wirkung entsteht durch Zielklarheit. Technologie, die begeistert braucht Fokus statt Features.

Lernen aus der Zukunft
Szenarien, Foresight, Strategien

Zukunft kommt nicht – sie wird gemacht

Zukunft passiert nicht einfach. Sie ist das Ergebnis heutiger Entscheidungen. Dennoch behandeln viele Unternehmen sie wie ein Naturereignis: unvorhersehbar, schwer greifbar, bestenfalls abzusichern.

Dabei ist es eine Führungsaufgabe, die eigene Zukunft zu antizipieren – nicht im Sinne exakter Vorhersagen, sondern als aktives Denken in Möglichkeiten. Es geht nicht darum, zu wissen, was kommt – sondern, worauf wir vorbereitet sein sollten.

Der „Ruck", den es braucht, ist ein Abschied vom reaktiven Denken. Zukunft verlangt strategische Weitsicht, geistige Beweglichkeit – und den Mut, neue Wege zu erkunden, bevor sie andere gehen.

Wenn Strategie auf Vergangenheitsdaten basiert, bleibt sie rückwärtsgewandt

Zukunftsentscheidungen auf Basis vergangener Trends zu treffen, funktioniert immer schlechter. Die Welt ist komplexer, dynamischer, volatiler geworden. Alte Muster verlieren an Erklärungskraft, bekannte Erfolgsmodelle an Wirkung.

Wer Zukunft gestalten will, muss Unsicherheit nicht vermeiden – sondern gestalten. Das bedeutet, verschiedene Zukünfte zu denken: Was wäre, wenn...? Was passiert, wenn wir nicht handeln? Welche Entwicklungen könnten uns überraschen?

Szenarien helfen, Denkgrenzen zu verschieben. Sie machen sichtbar, was sonst im Nebel bleibt. Sie sind keine Prognosen – sie sind Übungsräume für strategisches Denken.

Zukunftsdenken ist Teil der Unternehmensführung

Foresight – also das strukturierte Vorausdenken – ist kein Luxus. Es ist eine Investition in die eigene Handlungsfähigkeit. Dazu braucht es Methodik, aber vor allem Haltung: Neugier, Offenheit, systemisches Denken.

Bewährte Methoden sind:

- **Szenario-Technik**, um mögliche Entwicklungen zu strukturieren,
- **Delphi-Befragungen**, um kollektive Expertise zu bündeln,
- **Roadmapping**, um technologische Entwicklungspfade zu erkennen,
- **Relevanzbäume**, um Prioritäten in komplexen Systemen zu visualisieren.

Wichtig ist: Es geht nicht darum, recht zu behalten. Es geht darum, vorbereitet zu sein. Zukunftsstrategien sind dann wirksam, wenn sie robust und anpassbar zugleich sind.

Zukunft ist kein Zufall – sie ist eine Führungsaufgabe

Viele sprechen über „Zukunftsfähigkeit", aber kaum jemand übernimmt wirklich Verantwortung dafür. Foresight bedeutet nicht, den perfekten Plan zu haben – sondern sich regelmäßig und bewusst mit dem auseinanderzusetzen, was kommt. Und daraus Schlüsse für heute zu ziehen.

Führung heißt, das Unerwartbare mitzudenken. Nicht panisch – sondern strukturiert. Nicht allein – sondern gemeinsam. Zukunft wird in Teams gedacht – interdisziplinär, mit Weitblick, mit Blick fürs Ganze.

Wer Zukunft denken kann, kann sie gestalten

Zukunft ist kein Nebenschauplatz – sie ist das Zentrum unternehmerischer Verantwortung. Wer strategisch vorausdenkt, gewinnt Klarheit, Handlungsfähigkeit und Vorsprung. Nicht als Garantie – sondern als Haltung.

Zukunft lässt sich nicht planen, aber vorbereiten. Wer gestalten will, denkt heute in Möglichkeiten von morgen. Strategisch, bewusst, wirksam.

Wirkungsmessung neu denken
Von KPIs zu Relevanzindikatoren

Messen ist nicht gleich verstehen

Zahlen gibt es in jedem Unternehmen. KPIs, Dashboards, Monatsberichte. Doch viel zu oft messen wir das, was leicht zählbar ist – nicht das, was wirklich zählt. Wir zählen Besucher, Klicks, Kosten, Zeit. Aber verstehen wir damit, ob wir wirken?

Die Wirkung einer Maßnahme, einer Idee, einer Entscheidung zeigt sich nicht allein in kurzfristigen Zahlen. Sie zeigt sich in Veränderungen – beim Kunden, im Markt, in der Kultur. Und genau das bleibt häufig unsichtbar.

Der „Ruck", den es braucht, ist ein Umdenken: von Kontrolle zu Erkenntnis, von Datenerfassung zu Relevanzmessung.

Wenn Zahlen Sicherheit vortäuschen, aber nicht führen

Viele Kennzahlen suggerieren Objektivität. Doch sie spiegeln oft nur vergangenes Verhalten wider. Wer sich blind auf Zahlen verlässt, riskiert, Entscheidungen an der Oberfläche zu treffen. Denn nicht alles, was wichtig ist, lässt sich in Tabellen ausdrücken.

Beispiel: Eine hohe Auslastung sieht gut aus – aber wie steht es um Innovationsfähigkeit oder Teamzufriedenheit? Ein pünktlich abgeschlossenes Projekt wirkt effizient – aber hat es wirklich Nutzen gestiftet?

Wirkungsmessung bedeutet: zu fragen, welche Veränderung wir eigentlich erreichen wollten. Und ob diese tatsächlich stattgefunden hat – sichtbar, spürbar, relevant.

Gefordert sind - Neue Indikatoren, neue Dialoge, neue Offenheit

Wirkung ist nicht immer messbar im klassischen Sinn – aber sie ist beobachtbar, bewertbar, interpretierbar. Dazu braucht es andere Indikatoren: qualitative Aussagen, Kundenfeedback, Kontextbeobachtungen, Veränderungsdynamiken.

Ein Relevanzindikator misst nicht nur das, was war, sondern hilft, das Richtige zu tun. Er gibt Orientierung. Er zeigt, ob ein Ziel sinnvoll, ein Fortschritt erkennbar, ein Ergebnis wirksam ist.

Das bedeutet: Führung muss in Dialog gehen. Sie muss hören, sehen, fragen. Und bereit sein, auch Unbequemes zuzulassen. Denn echte Wirkung offenbart oft, wo es hakt – aber auch, wo der größte Hebel liegt.

Wirkung ist mehr als Effizienz – sie ist der Sinn von Führung

Eine Führungskraft, die nur auf KPIs schaut, bleibt an der Oberfläche. Wirkung entsteht erst, wenn wir uns die Frage stellen: Was wollten wir erreichen? Haben wir das Leben unserer Kunden, die Arbeit unserer Teams, die Position unseres Unternehmens wirklich verbessert?

Dazu braucht es Mut – zur Offenheit, zur Reflexion, zur Kurskorrektur. Und den Willen, Zahlen nicht als Alibi zu nutzen, sondern als Anstoß für besseres Handeln.

Messen ist kein Ersatz für Denken – sondern Ergänzung

Wirkungsmessung bedeutet, den Fokus zu verändern: von bloßen Zahlen zu echter Relevanz. Wer Wirkung verstehen will, muss anders fragen, anders zuhören – und bereit sein, anders zu führen.

Wirkung zeigt sich im echten Fortschritt - nicht im Excel-Sheet . Wer Wirkung gestalten will, muss sie auch neu messen – jenseits von Standard-KPIs .

Verantwortung strategisch verankern
ESG als Führungsprinzip

ESG ist mehr als ein Reportingthema

In vielen Unternehmen gilt ESG (Environmental, Social, Governance) als lästige Verpflichtung. Es geht um Berichte, Ratings, Compliance. Und genau das ist das Problem: Wenn ESG als externe Erwartung behandelt wird, bleibt seine Kraft ungenutzt.

Denn in Wahrheit geht es bei ESG um strategische Zukunftsfähigkeit: Wie umweltverträglich, wie sozial verantwortungsvoll, wie integer handelt unser Unternehmen? Und: Wie konsequent nutzen wir diese drei Hebel, um besser zu werden – im Markt, in der Gesellschaft, als Organisation?

Der „Ruck", den es braucht, ist ein neues Führungsverständnis: ESG nicht als Korsett, sondern als Kompass für Wirkung.

Wenn Nachhaltigkeit nur angehängt wird, bleibt sie wirkungslos

Viele ESG-Initiativen verlaufen im Sande, weil sie isoliert gedacht werden. Da gibt es einen Nachhaltigkeitsbericht, ein paar Projekte zur CO_2-Reduktion, ein Diversity-Training. Doch der Alltag bleibt, wie er war.

Wirkung entsteht nur, wenn ESG integriert wird – in Entscheidungen, Produkte, Prozesse, Geschäftsmodelle. Wenn Umweltfragen nicht „die von der Abteilung" sind, sondern Führungsfragen. Wenn soziale Verantwortung nicht bei HR aufhört, sondern im gesamten Unternehmen gelebt wird. Wenn Governance nicht nur auf Kontrolle zielt, sondern auf Vertrauen und Transparenz.

Dann wird ESG zur echten Kraft – nicht als Pflicht, sondern als Potenzial.

ESG setzt Strategisches Denken, mutige Entscheidungen, integriertes Handeln voraus

ESG ist keine Checkliste. Es ist eine Denkhaltung. Wer sie strategisch verankern will, muss sie mit den großen Fragen des Unternehmens verbinden:

- Was ist unser Beitrag zur Welt?
- Welche Ressourcen nutzen wir – und wie verantwortungsvoll?
- Welche Wirkung haben unsere Produkte – heute und morgen?
- Was heißt Fairness in unserer Lieferkette, in unserer Führung, in unserem Handeln?

Diese Fragen lassen sich nicht an eine Abteilung delegieren. Sie gehören auf die Agenda des Top-Managements. ESG ist Führungsaufgabe – weil es um das große Ganze geht.

Verantwortung ist nicht verhandelbar – sondern die Basis von Vertrauen

ESG ist keine Mode. Es ist Ausdruck einer neuen Erwartung an Unternehmen: Haltung zeigen, Verantwortung tragen, Zukunft mitgestalten. Wer diese Verantwortung verweigert, verliert nicht nur Ansehen – sondern auch Anschluss.

Doch wer sie annimmt, gewinnt: Vertrauen bei Kunden, Loyalität bei Mitarbeitenden, Resilienz im Markt, Zugang zu Kapital, Raum für Innovation. ESG ist nicht Einschränkung – sondern Ermöglichung.

Führung muss ESG nicht „managen". Sie muss es leben.

ESG ist kein Kostenfaktor – es ist ein Zukunftsfaktor

Wer Verantwortung strategisch verankert, stärkt nicht nur sein Profil – sondern auch seine unternehmerische Substanz. ESG als Führungsprinzip heißt: Wirkung mit Haltung verbinden. Und dadurch neue Wege öffnen.

ESG ist nicht Pflicht, sondern Prinzip, Führungsthema. Wer Verantwortung strategisch verankert, macht sein Unternehmen zukunftsfähig: glaubwürdig, wirksam, widerstandsfähig.

Jetzt gestalten – nicht verwalten

Wir stehen an einem Punkt, an dem es nicht mehr reicht, Bestehendes zu optimieren. Prozesse zu glätten, Meetings effizienter zu machen, Kosten zu senken – all das kann wichtig sein. Aber es greift zu kurz. Die Herausforderungen unserer Zeit verlangen mehr: Mut. Haltung. Gestaltungskraft.

Wir leben in einer Welt, in der Probleme schneller wachsen als die Lösungen. In der Unsicherheit Alltag ist. In der Erwartungen sich rasch verändern – von Kund:innen, von Mitarbeitenden, von Gesellschaft und Markt. Wer hier nur verwaltet, gerät ins Hintertreffen.

Der „Ruck", den es braucht, ist kein Aufruf zur Revolution. Es ist ein Aufruf zur Verantwortung. Zur Selbstverantwortung, zur Führungsverantwortung, zur Zukunftsverantwortung. Wer Wirkung entfalten will, muss bereit sein, Altes loszulassen. Routinen zu hinterfragen. Neues zu wagen – im Denken, im Entscheiden, im Tun.

Das beginnt nicht mit großen Konzepten, sondern mit einer inneren Entscheidung: Nicht länger nur reagieren – sondern gestalten.

Gestalten heißt nicht: alles wissen, alles im Griff haben. Gestalten heißt: anfangen. In kleinen Schritten, mit klarem Kompass. Zuhören. Verstehen. Priorisieren. Handeln. Und dann wieder neu bewerten. Wieder anfangen.

Dieses Buch ist keine Anleitung. Keine Methode, die man einfach abarbeitet. Es ist ein Impuls. Eine Einladung. Ein Denkraum. Und vielleicht ein leiser Anstoß, mehr Wirkung zu wollen – mit dem, was Sie wissen, können, sind.

Denn Zukunft entsteht nicht von selbst. Sie entsteht, wenn Menschen sich trauen, den Unterschied zu machen.

Zukunft wird nicht verwaltet – sie wird gestaltet. Jetzt.

Haltung. Wirkung. Wertentwicklung.

Haltung ist die bewusste innere Ausrichtung, mit der Menschen Verantwortung übernehmen, Entscheidungen treffen und Gestaltung möglich machen. Sie zeigt sich in Klarheit, Mut und Konsequenz.

Wirkung ist das sichtbare Ergebnis gezielter Gestaltung – sie entsteht, wenn Nutzen gestiftet, Relevanz erzeugt und Veränderungen bewirkt werden. Wirkung ist kein Zufall, sondern das Resultat bewusster Entscheidungen.

Wertentwicklung ist der systematische Denk- und Gestaltungsansatz, der Nutzen, Funktion und Aufwand miteinander verknüpft. Sie verbindet strategisches Denken mit methodischer Klarheit – und macht Zukunft gestaltbar.

20 Gedanken, die wirken

1. **Zukunft wird nicht gemanagt – sie wird gestaltet.**
   Wer nur reagiert, verliert den Anschluss. Wer gestaltet, gewinnt Wirkung.

2. **Wissen allein reicht nicht – es braucht Haltung.**
   Kompetenz entfaltet erst dann Wirkung, wenn sie mit Verantwortung verbunden ist.

3. **Nicht alles, was effizient ist, ist sinnvoll.**
   Wirkung entsteht, wenn Klarheit über Ziele, Nutzen und Relevanz besteht.

4. **Der wahre Hebel liegt im frühen Denken.**
   Wer zuerst über Wirkung, nicht über Aufwand spricht, gestaltet Zukunft wirtschaftlich.

5. **Führung ist heute mehr denn je Orientierung.**
   In Zeiten des Umbruchs braucht es klare Werte, nicht nur klare Ziele.

6. **Innovationen entstehen nicht durch Zufall.**
   Sie brauchen Räume, Methoden – und den Mut, bekannte Pfade zu verlassen.

7. **Wirtschaftlichkeit ist kein Gegner von Innovation.**
   Sie ist deren Voraussetzung – wenn Nutzen und Aufwand im Gleichgewicht stehen.

8. **Nicht Methoden verändern die Welt – Menschen tun es.**
   Werkzeuge unterstützen, aber Wirkung beginnt im Kopf.

9. **Wenn alles wichtig ist, bleibt nichts wirksam.**
   Fokussierung ist kein Verzicht, sondern Führungskunst.

10. **Strategie ohne Zukunftsbezug ist Rückschritt.**
Foresight ist kein Luxus – es ist Überlebensfähigkeit.

11. **ESG ist kein Compliance-Thema.**
Es ist ein Spiegel unternehmerischer Haltung – und ein echter Wettbewerbsfaktor.

12. **Zahlen erzählen nur die halbe Wahrheit.**
Wirkung zeigt sich oft dort, wo KPIs an ihre Grenzen stoßen.

13. **Digitale Mittel ersetzen keine Führung.**
Sie brauchen Sinn, Ziel und Konsequenz – erst dann entstehen Fortschritt und Wirkung.

14. **Verantwortung lässt sich nicht delegieren.**
Wer führen will, muss selbst gestalten – nicht nur genehmigen.

15. **Organisationen verändern sich nicht durch Charts.**
Sie verändern sich durch Entscheidungen und gelebte Kultur.

16. **Komplexität verlangt Klarheit – nicht Vereinfachung.**
Gute Führung trennt Wesentliches von Lautem.

17. **Tempo ist nicht gleich Fortschritt.**
Geschwindigkeit entfaltet Wirkung nur mit Richtung.

18. **Wirkung braucht nicht mehr – sondern besser.**
Qualität ersetzt Quantität, Relevanz ersetzt Routine.

19. **Menschen folgen nicht Prozessen – sondern Sinn.**
Wer Sinn stiftet, bewegt mehr als Regeln es je könnten.

20. Der Ruck beginnt nicht im System – er beginnt bei uns.

Veränderung braucht Entschlossenheit.
Und sie beginnt jetzt.

Über den Autor

Harald M. Grundner begleitet seit fast vier Jahrzehnten Unternehmen dabei, komplexe Herausforderungen in klare, marktwirksame Lösungen zu übersetzen. Als Projektleiter, Berater, Trainer und Lehrbeauftragter verbindet er technische Tiefe mit strategischem Denken – und stellt dabei eines immer in den Mittelpunkt: Wirkung.

Er steht für ein Führungsverständnis, das nicht wartet, sondern gestaltet. Für eine Wirtschaftlichkeit, die nicht nur rechnet, sondern trägt. Für eine Produktentwicklung, die den Kundennutzen ernst nimmt – und den Mut hat, Dinge anders zu denken.

Seine Leidenschaft gilt der Entwicklung von Produkten, Prozessen und Systemen, die Sinn stiften und Wirkung erzeugen – für Kunden, für Teams, für die Zukunft. Wo andere auf Grenzen stoßen, sucht er nach Potenzialen. Wo Strukturen fehlen, schafft er Räume, in denen Menschen gemeinsam Zukunft machen können.

Harald M. Grundner gilt als Vordenker wirtschaftlicher Gestaltung im Zusammenspiel von Wertanalyse, Design to Cost und Value Management. Er ist Lehrbeauftragter beim VDI, Mitgestalter zentraler Richtlinien und ein Impulsgeber für Teams, die aus Ideen Wirklichkeit machen – verantwortungsvoll, wirksam und zukunftsgerichtet.

Vom Autor auch erschienen

DENKEN, BEVOR ES KOSTET

Wirtschaftlichhkeit
gestalten, bevor
Produkte teuer
werden

HARALD M. GRUNDNER

Produktentwicklung
neu gedacht

Denken, bevor es kostet."
Wirtschaftlichkeit beginnt nicht am Ende – sondern mit dem
ersten Gedanken.
Mein neues Buch zeigt, wie Unternehmen Wirtschaftlichkeit
systematisch gestalten – bevor Produkte teuer, Prozesse
zäh und Chancen verspielt werden.
Mit Fokus auf Kundennutzen, Funktion und Wirkung.
Mit Methoden, die greifen.
Mit einer klaren Haltung: Wirkung vor Aufwand.

Jetzt lesen: ISBN-13: 9783819229510
#Produktkosten #DesignToCost #Wertanalyse #Führung
#Nachhaltigkeit